Diagramas:
explorações no pensamento-signo dos espaços culturais

CONSELHO EDITORIAL
Ana Paula Torres Megiani
Eunice Ostrensky
Haroldo Ceravolo Sereza
Joana Monteleone
Maria Luiza Ferreira de Oliveira
Ruy Braga

Irene Machado (org.)

Diagramas:
exploraçōes no pensamento-signo dos espaços culturais

Patrícia Campinas
Douglas Galan
Carina Gonzalez y Sousa
Irene Machado
Breno Morita
Leandro Anderson de Loiola Nunes
Márcia Ortegosa
Daniela Osvald Ramos
João Yamamoto

Copyright © 2015 Irene Machado

Grafia atualizada segundo o Acordo Ortográfico da Língua Portuguesa de 1990, que entrou em vigor no Brasil em 2009.

Edição: Haroldo Ceravolo Sereza
Editor assistente: Camila Hama
Assistente acadêmica: Bruna Marques
Projeto gráfico e diagramação: Gabriel Siqueira
Revisão: Zélia Heringer de Moraes
Assistente de produção: Cristina Terada Tamada
Capa: João Yamamoto

Esta publicação recebeu recursos do programa PROAP – Programa de Apoio à Pós Graduação da Capes – Coordenação de Aperfeiçoamento de Pessoal de Nível Superior.

CIP-BRASIL. CATALOGAÇÃO-NA-FONTE
SINDICATO NACIONAL DOS EDITORES DE LIVROS, RJ

D526

DIAGRAMAS: EXPLORAÇÕES NO PENSAMENTO-
-SIGNO DOS ESPAÇOS CULTURAIS
Patrícia Campinas ... [*et al.*] ; organização Irene Machado. - 1. ed.
São Paulo: Alameda, 2016.
204 p. : il.; 23 cm.

Inclui bibliografia e índice
ISBN 978-85-7939-383-9

1. Comunicação e cultura - Aspectos sociais. I. Campinas, Patrícia. II. Machado, Irene.

16-34182   CDD: 302
                CDU: 316.77

ALAMEDA CASA EDITORIAL
Rua Treze de Maio, 353 – Bela Vista
CEP 01327-000 – São Paulo – SP
Tel. (11) 3012-2403
www.alamedaeditorial.com.br

Sumário

Apresentação   7

Introdução   11
Diagrama como problema semiótico – Irene Machado

Capítulo 1   31
Na trilha dos textos de Eisenman: notas sobre o processo de projeto de arquitetura – João Yamamoto

Capítulo 2   53
Ontologia do espaço numérico: investigação preliminar a partir do diagrama – Daniela Osvald Ramos

Capítulo 3   71
Modelizações de hiperlinks no diagrama do jornal impresso – Douglas Vinícius Galan

Capítulo 4   83
O conceito de moving pictures of thought como expressão do pensamento contínuo – Patrícia Campinas

Capítulo 5   99
Formas diagramáticas em desenho – Carina Gonzalez y Sousa

Capítulo 6   109
Imagem humana e nomes: relações diagramáticas a partir de textos da cultura – Leandro Anderson de Loiola Nunes

Capítulo 7   131
Diagramas semióticos: matrizes do pensamento gráfico de Eisenstein – Breno Morita

Capítulo 8   147
Relações diagramáticas na montagem sonoro-visual em Naqoyqatsi, de Godfrey Reggio – Marcia Ortegosa

Capítulo 9   171
Diagramas e formas que pensam: modelizações do signo cinemático – Irene Machado

Perfil dos Pesquisadores   201

Apresentação

Diagramas: explorações no pensamento-signo dos espaços culturais reúne os trabalhos desenvolvidos pelo Grupo de Pesquisa Semiótica da Comunicação[1] ocupados em examinar as relações entre pensamento – signo – cultura que se manifestam sob forma de sistemas de linguagem historicamente constituídas. Por tais relações cumprirem caminhos de raciocínios, elas desenham, semioticamente, diagramas capazes de explorar a lógica do pensamento associativo. Com isso se observa que o diagrama exprime, não significados acabados, mas relações que se manifestam em experiências. Por conseguinte, cada um dos trabalhos aqui reunidos dedica-se ao estudo do seu objeto de pesquisa e também do modo como tais experiências se organizam para constituir pensamentos e modelos de mundo.

Conscientes de que os problemas de investigação em pauta são problemas semióticos, para avançar foi necessário buscar um caminho metodológico adequado à análise dos objetos como variedades de sistemas de comunicação nos espaços culturais.

Se as análises dos meios da comunicação tecnológica já desenvolveram estudos suficientes para examinar como as transformações nos meios alteram modos perceptuais e cognitivos, é possível dizer que os estudos de semiótica também já reúnem uma farta produção teórica sobre o pensamento-signo que emerge em semiose, isto é, em contextos

---

1   Grupo de Pesquisa Semiótica da Comunicação (Diretório de Grupos de Pesquisa do CNPq; Universidade de São Paulo, PPG Meios e Processos Audiovisuais, Escola de Comunicações e Artes) www.semioticadacomunicacao.com

de atravessamentos relacionais de diferentes sistemas semióticos que não se confundem com análise do discurso.

Pesquisadores com diferentes formações acadêmicas – jornalismo, arquitetura, design, artes plásticas, cinema, letras e linguística – atuando em áreas profissionais igualmente distintas, vieram buscar na pesquisa pós-graduada caminhos explicativos para avançar em suas necessidades de conhecimento. Assim convergiram os interesses para o estudo dos problemas semióticos de cada uma das pesquisas a partir dos diagramas.

João Yamamoto se volta para compreender o espaço arquitetônico que se ergue culturalmente pela trama de signos verbais, planta, projeto, maquete, fotografia, construções públicas. "Na trilha dos textos de Eisenman: Notas sobre o processo de projeto de arquitetura" é o artigo que explora toda essas interações na prática e no pensamento diagramático do arquiteto Peter Eisenman.

Daniela O. Ramos segue pela mesma linha de estudo do espaço de relações, contudo, formado pelos signos informáticos do meio digital em que a trama é processada em termos de números e suas expansões numéricas. "Ontologia do espaço numérico: investigação preliminar a partir do diagrama" explora tal espaço com base no pensamento que entende o sistema numérico como fenômeno da cultura tecnológica.

Douglas V. Galan trabalha com as expansões da cultura tecnológica a partir das interferências que meios audiovisuais e digitais levaram para o jornalismo impresso. Em "Modelizações de *hiperlinks* no diagrama do jornal impresso" observa os procedimentos construtivos que o jornal impresso explora em contato com a audiovisualidade dos sistemas culturais.

Patrícia Campinas enfrentou os embates teóricos que diferentes estudiosos empreenderam da obra de Peirce sobre o diagrama, particularmente, para entender a passagem do conceito estático de desenho para uma dinâmica relacional. Em "O conceito de *moving pictures of thought* enquanto expressão do pensamento contínuo" a performance do diagrama é revisitada na trama da lógica dos relativos e dos grafos existenciais.

Carina Gonzalez poetizou o espaço da relação natureza e cultura com seu estudo das "Formas diagramáticas em desenho". Se os elementos naturais agem e reagem uns sobre os outros e produzem marcas relacionais sob formas de desenho, estas não podem ser ignoradas quando se pensa no diagrama primordial de uma modelização elementar da interpretação em espaços de mente, dimensionada tanto pelo cosmos quanto pela cultura.

Leandro A. L. Nunes caminha igualmente por um espaço de relações em que o diagrama é um gesto primordial de buscar um nome. "Imagem humana e nomes: relações diagramáticas a partir de textos da cultura" persegue a dinâmica relacional do nome com imagens, particularmente no campo da beleza e nos rostos de celebridades femininas.

Introdução

Diagrama como problema semiótico – Irene Machado

O trabalho modelizante dos signos na construção do pensamento

Pensamento e linguagem se constituem em signos. A máxima formulada por C. S. Peirce (Peirce 1980, p. 67-8) não apenas afirma que fora do signo não há ideia, representação, interpretação, como também indaga sobre a condição do ato de pensar no âmbito da ação desse pensamento-signo. Como todo signo se constitui no movimento de semiose, o desafio é compreender como o trabalho incansável dos signos se organiza em pensamento.

Coube ao signo «palavra», e não ao signo linguístico em geral, comandar o trabalho do pensamento, sobretudo, devido ao fato de ser ele realização em fala humana e na interação orgânica de órgãos bio-funcionais, sensoriais, interpessoais e ambientais. Graças a este trabalho, a palavra realiza semioses manifestando o movimento do ato de pensar sob forma de raciocínios, o que a qualifica como signo semiótico por excelência, dotado do mecanismo de transformação e de auto-desenvolvimento. Na excelência do signo «palavra» reside a capacidade de cultivar o próprio campo das relações com mecanismos combinatórios.

Uma das mais antigas demonstrações da força da palavra para a expressão semiótica do pensamento numa articulação de meios, no caso as letras do alfabeto, foi uma inscrição latina cujo arranjo resultou, paradoxalmente, numa figura denominada quadrado mágico. Trata-se do palíndromo (do grego *palin*, para trás, + *dromein* corrida) latino constituído de cinco palavras posicionadas numa sentença de modo a permitir a leitura no sentido horizontal e vertical; da esquerda para a direita e de cima para baixo e vice-versa nos dois casos.

S	A	T	O	R
A	R	E	P	O
T	E	N	E	T
O	P	E	R	A
R	O	T	A	S

Palíndromo

FIGURA 1 – Quadrado Sator (Nitrini, 2010, p. 146)

Partindo do nome próprio Arepo, a tradução compõe a seguinte frase: "Arepo, o semeador, conduz as rodas de seu arado". O cultivo é desenhado no movimento combinatório das letras no quadrado e no círculo dado pela posição das letras formando pontos da interligação móvel nas diferentes direções. Considerando que o verbo ocupa a posição central tanto no alinhamento vertical quanto no horizontal, a repetição da palavra *tenet* desenha uma cruz. O conjunto de palavras tão intimamente estruturadas manifestam tanto o trabalho no campo quanto um símbolo religioso e mesmo a indicação numérica e formas geométricas.

Estamos diante de um excêntrico arranjo emanado da capacidade interna de auto-desenvolvimento da palavra na construção do pensamento. Onde quer que se manifeste, o palíndromo cria um modelo de mundo consonante com o movimento de sua organização sígnica. Nesse caso, a palavra em semiose compõe um funcionamento: um sistema modelizante (Lotman 1978) cujo modelo operativo de linguagem se associa a diferentes processos sígnicos de modo a gerar um produto cultural. A modelização, todavia, não é propriedade da palavra mas sim mecanismo de todo sistema semiótico da cultura. Se coube à palavra aprimorar suas faculdades – lógica, dialógica, ideológica e analógica – a partir de sua condição modelizante, isso não significa que somente ela tenha o desfrute de tal capacidade. Na verdade, a modelização é o que permite observar o movimento do pensamento-signo como realização sistêmica, isto é, com a interação de diferentes arranjos sígnicos.

Ainda que não se justifique nenhuma contestação da precedência da palavra em relação aos demais sistemas semióticos, existem outros vieses significativos quando se considera que o pensamento não se realiza à revelia do trabalho da cultura que, evidentemente, envolve outros sistemas de signos. Nesse contexto, é possível contestar toda e qualquer premissa que restrinja o ato de pensar a classes de signos específicos, ou mesmo aos limites da palavra. Não obstante, não vamos cair no extremo oposto e concordar com a máxima reducionista segundo a qual «uma imagem vale mais do que dez mil palavras» – um suposto provérbio chinês que os próprios nativos desconhecem (Larkin; Simon, 1987, p. 65). Simplesmente não se pode calar quando se trata de conferir à imagem visual a capacidade de produzir formas que pensam, raciocinam e representam ideias. Quer dizer, tanto quanto a palavra, signos visuais, sonoros ou cinéticos, bem como a gama de organizações denominadas genericamente como imagem dispõem de mecanismos para operar as faculdades lógica, dialógica, ideológica e analógica. Além disso, há que se considerar que os signos organizam o pensamento na cultura e não fora dela. Logo, é impossível não dimensionar no trabalho de constituição do pensamento-signo o processo modelizante dos sistemas culturais. Para isso, há que se considerar a variedade da produção cultural na dinâmica de suas modelizações. Dependendo das variações, haverá diferentes modelos a orientar as possibilidades de realizar o pensamento-signo.

O bom senso recomenda atentar para aquilo que distingue, não por meio de oposições, mas pelo viés das relações travadas no contexto mais amplo das relações semióticas relacionadas ao trabalho de signos em meios da interação cultural. Sistemas de signos em campos diferenciados de sua constituição (visual, sonora, cinética, acústica, tátil) são plenivalentes na sua capacidade de construir o mundo como conhecimento. O intenso trabalho dos signos não é apenas imediato na habilidade de exprimir significados, mas, sobretudo, trabalho modelizante, evidente na construção de semioses em que aquilo que não se pode manifestar nos limites das competências de um campo sígnico, virá à tona graças às potencialidades de um outro. Neste intercâmbio, o pensamento se beneficia do trabalho dos signos nos espaços semióticos de sua constituição em que os meios revelam papel decisivo de construção de sistemas culturais.

Quando o meio ocupa a arena do debate sobre os processos de pensamento e de interação cultural, não só os agentes como também o próprio espaço de relação se transforma e constrói diferentes relevos e práticas de interação. Classificações cedem o lugar aos movimentos criativos, vale dizer, os sistemas de linguagem emergentes sob forma de "modelos de mundo" (Lotman, 1996, p. 84) que não são sistemas fechados mas transformações culturais animadas pelo trabalho das formas que pensam e elaboram novos funcionamentos traduzidos em diferentes lógicas. O movimento triádico é, se não a mais importante, pelos menos a mais significativa forma de pensamento resultante do trabalho modelizante dos signos fora da excelência de uma única classe de signos, mas na interação dos sistemas de signos da cultura que seguem a lógica das relações e não da dominação, como se espera examinar na sequência.

Diagrama de raciocínio na lógica da cultura

Se, em vez de «diagrama», enunciássemos simplesmente «relações», talvez afastássemos as sombras de dúvidas sobre o problema semiótico aqui introduzido. A noção ganharia precisão e evidência se acrescentássemos os apêndices «significação», «interpretação», «sentido». Nenhuma dessas coordenadas está afastada da latitude de nosso problema, não obstante sejam insuficientes para definir o papel do conceito de diagrama no entendimento semiótico da comunicação, particularmente naquilo que diz respeito ao gesto codificado culturalmente.

O conjunto de indagações que gravitam em torno da noção de diagrama nos estudos semióticos se reporta ao contexto da lógica das relações de raciocínio na mente em processo de comunicação. Contudo, o que se cogita aqui diz respeito ao estatuto de uma lógica de relações instauradas no trabalho de sistemas de signos definidos na e pela cultura, entendida como processo de conhecimento. Quer dizer, indagamos sobre o estatuto das relações de sentido processadas no trabalho dos códigos, das linguagens e dos sistemas de signos que cumprem as funções de raciocínio, sobretudo, na mente da cultura. Seguindo a máxima de C.S. Peirce segundo a qual: "o pensamento não está em nós; nós é que estamos no pensamento", a cultura não se priva do ato de pensar e de raciocinar. Por conseguinte, indagamos sobre a lógica do modo de raciocinar em um corpo cujos sistemas de signos são elaborações históricas de linguagens e de meios de comunicação em ambientes culturais. O corpo raciocinante aqui é cultural, logo, a lógica do raciocínio que nos interessa é a lógica da cultura (num diálogo crítico com Umberto Eco, 2002) explicitada no funcionamento de seus sistemas de signos. O pensamento que escoa por regiões tão distintas, Peirce concebeu como diagrama.

Para investigar a amplitude do conceito de diagrama no exercício produtivo da mente da cultura, bem como dos modos de raciocínio dos sistemas semióticos, o Grupo de Pesquisa Semiótica da Comunicação vem se dedicando ao estudo do diagrama na comunicação. Trata-se, sobretudo, de vencer o limite conceitual de que diagrama de raciocínio é expressão de sentenças e premissas lógicas muito mais próximas da língua do que da variedade de linguagens dos meios de comunicação, como se os produtos culturais dos meios – filmes, entretenimento eletrônico, criações artísticas, espaços e informação – não fizessem parte das formas que pensam. Com isso, trata-se, igualmente, de empreender esforços para sistematizar, em função dos interesses especulativos de projetos de pesquisa individuais, abordagens vigorosas, ainda que concentradas e dispersas.

Como estudiosos dos meios de comunicação – meios como veículos de signos e não apenas como meio de transporte técnico – os integrantes do Grupo entendem suas pesquisas como trabalho teórico de construção diagramática. Num contato direto com a particularidade dos objetos comunicacionais, as investigações demandam, cada vez mais, condutas hipotéticas de caráter diagramático que favoreçam o exercício comparativo entre possibilidades que as classes de fenômenos semióticos (re)presentam em diferentes esferas da cultura. As pesquisas podem ser, assim, incorporadas por toda sorte de conjectura que está na base da relação signo/objeto como fundação genuína da cultura. Estudam-se os diagramas para construir diagramas de pensamento dos objetos de nossas indagações, deixando, assim, claras nossas ideias e pensamentos (Peirce, 1975). Demanda cada vez mais imperativa numa sociedade que se auto-denomina de conhecimento.

O foco do estudo do Grupo é a semiótica da comunicação circunstanciada pelos movimentos evolutivos da cultura explicitados, sobretudo, nas invenções de linguagem, particularmente da linguagem humana que emerge num dado processo da evolução. Nesse sentido, a orientação elementar das pesquisas em curso é a compreensão de ocorrências culturais que manifestam transformações de caráter sígnico, se constroem como linguagem e se desenvolvem em sistema de signos e processos de conhecimento.

Sabemos que, diante da diversidade das ocorrências culturais, os semioticistas da cultura ponderam sobre a emergência de diferentes linguagens (Lotman, 1978, p. 37). Na verdade, as linguagens observadas[1] como ocorrência de cultura traduzem diferentes modos de compreensão e de atualização da própria cultura. Chegou-se, assim, à compreensão do «texto da cultura» (Lotman, 1996, p. 77-82) como síntese perceptual e cognitiva de dinamismos que, num nível de abstração e generalidade, foi proposto como «mente da cultura (Lotman, 1998, p. 96). Justifica-se, desse modo, a busca na semiótica da cultura de fundamentos teóricos para o desenvolvimento das pesquisas, fundamentos entendidos como aportes para compreensão de funcionamentos no trabalho construtivo dos sistemas semióticos.

A semiótica da cultura desenvolveu instrumentos teóricos de direcionamento da análise das ocorrências culturais em sua empiria, vale dizer, na experiência dos sistemas. Nesse

---

[1] Observação aqui não é operação de quem olha, mas atitude de quem especula e formula o objeto de pesquisa. Nesse sentido, a linguagem do sistema da cultura é uma construção dos códigos culturais que constituem o sistema. Estamos lidando com o trabalho dos sistemas de signos e do pesquisador.

sentido, além de dialogar com conhecimentos consagrados no campo da sintática e semântica, a semiótica da cultura não pode correr à margem dos conhecimentos desenvolvidos no campo do pragmatismo tal como formulado por C. S. Peirce em seus estudos do *pragmaticismo* (Peirce, 1980). Afinal, o problema por excelência da semiótica da cultura não é propriamente a cultura como totalidade ou generalidade, mas o texto da cultura, ou melhor, a semiose transformadora da informação em texto, na iluminada formulação de Iúri Lótman (Lotman, 1979). Para examinar a semiose das transformações em textos de cultura, a semiótica propõe observar as transformações dos códigos, as modelizações dos sistemas de signos, a autorregulação da própria semiose na continuidade do ambiente que forjou a compreensão da semiosfera (Lotman, 1996). Nela o conceito de diagrama se investe de outros matizes conceituais.

Diagrama como modelo de pensamento sobre o mundo

Os estudos da semiosfera cumprem o desafio de examinar a dinâmica da continuidade – o *continuum* semiótico –, da singularização de procedimentos estruturais, da autorregulação geradora de organizações sistêmicas e de funcionamentos perceptuais e cognitivos, que Lótman define em termos de modelização, tradução, metalinguagem. Deixando de lado a controversa noção de sistemas modelizantes primários e secundários, orientamos o foco do estudo para a compreensão dos modelos de mundo e a dialética de sua compreensão. Um modelo que o conhecimento simplifica para poder dimensionar suas complexidades em termos de sua dinâmica estrutural (Lotman, 1979). Na noção de modelo a semiótica da cultura desenvolve uma concepção diagramática sobre o modo de pensar e conhecer o mundo. No modelo se organiza a lógica da cultura.

A sistemicidade de tais funcionamentos conduz a compreensão da semiose no campo da pragmática das experiências culturais entendidas como fenômenos comunicacionais. É como comunicação que códigos, linguagens, sistemas de signos interagem e autorregulam os movimentos da continuidade e da renovação fundamental para a geração de informação nova, que pode ser, agora, entendida num gradiente que vai do amplo processo de significação, à singularidade da interpretação e à explosividade do sentido.

Estamos, pois, desenvolvendo em nossas pesquisas caminhos especulativos das ocorrências de semiose no vigor de suas articulações empíricas e pragmáticas de um processo interativo-comunicacional. Este caminho desenha um diagrama de pensamento que, no campo dos estudos do pragmaticismo, C. S. Peirce formula como teoria dos grafos existenciais[2] (*existential graphs*), dos raciocínios diagramáticos (*diagrammatical reasoning*)

---

2   Não constitui tarefa fácil a recolha dos trabalhos que Peirce escreveu acerca dos grafos existenciais. Apre-

ou simplesmente diagrama (*diagram*). Trata-se de noções que apreendem o raciocínio em seu raciocinar, não como atividade mecânica ou um automatismo, mas como atividade que se realiza graças ao intercurso de ferramentas lógicas em que o diagrama da tríade torna-se o ícone estrutural do edifício epistemológico em construção semiótica. Na "mágica do número três" articulam-se os movimentos relacionais de tudo que chamamos mente (Merrell 2006). Assim, enquanto a noção de diagrama explicita proposições que tendem para a elaboração de *conceptos* e sínteses conclusivas formuladas triadicamente na similaridade de elementos, a de grafo existencial enfatiza a experiência circunstancial das próprias relações triádicas situadas no âmbito da pura experimentação e do exercício abdutivo. Já a noção de raciocínio diagramático acompanha o movimento da própria relação ou de metarrelação que envolve a base de dados comparativos. Nesse sentido, as ferramentas de raciocínio desempenham um papel análogo ao de um cálculo que explora possibilidades para, a partir delas, delinear inferências.

Peirce desenvolveu um sofisticado sistema lógico para explorar e sistematizar a teoria dos grafos existenciais. Contudo, não é no aparelhamento da lógica que encontramos um elo aproximativo entre o diagrama como grafo e o diagrama como caminho explicativo da semiose dos sistemas culturais. Encontramos o ponto da aproximação no trabalho dos signos na elaboração da semiose cultural como mente ou modelo de mundo. É como mente que a linguagem que surge num dado momento da evolução desenvolve códigos culturais, sistemas de línguas e linguagens cuja interação é o principal agente da singularidade que elabora o novo (processo, código, sistema). Se a cultura funciona como mente não há como negar a importância do estudo de suas formas de raciocínio, do papel de suas ferramentas cognitivas, dos dispositivos sensoriais de suas invenções.

Por conseguinte, no estudo semiótico da comunicação, o diagrama evoca um trabalho analítico em que a própria semiose não pode ser considerada senão por meio de inferências em processos dialógico-modelizantes. Explico: ainda que nossos objetos focalizem os códigos, as linguagens e os sistemas de signos, o processo investigativo não pode prescindir das dinâmicas que estão na base da própria cultura. Encontros culturais,

---

sentamos um roteiro que nos orienta em nossos estudos a partir dos títulos com seus respectivos parágrafos constantes do The Collected Papers of Charles Sanders Peirce, Volume 4, Livro II, 1931-35; 1958. "Existential Graphs", parágrafos 347–584; "Logical Diagram", parágrafos 347–349; "Of Euler's Diagrams", parágrafos 350–371; "Graphs", manuscript 479, c. 1903, parágrafos 372–584; "Symbolic Logic", parágrafos 372–393; "Existential Graphs", parágrafos 394–417; "On Existential Graphs, Euler's Diagrams, and Logical Algebra", parágrafos 418–509; "The Gamma Part of Existential Graphs", parágrafos 510–529; "Prolegomena To an Apology For Pragmaticism", parágrafos 530–572; "An Improvement on the Gamma Graphs", parágrafos 573–584.

sistemas de trocas, modelizações, processos tradutórios e de recodificação, criação de metalinguagens, não se manifestam sem o forte recurso das inferências e da dialogia que permite observar, comparar, manipular de modo a propor modelos. Por conseguinte, como a geração de sentido, de transformação da informação em texto e mente da cultura – base do *continuum* semiótico na semiosfera e nos choques explosivos de sua evolução – podem prescindir da força do diagrama na edificação do entendimento semiótico onde quer que ele se manifeste? A definição da cultura a partir do trabalho da informação tornada texto contribui para o redimensionamento de seu caráter diagramático. Afinal, se não se trata de considerar totalidades, mas, sim, traços distintivos qualificados por possibilidades, não estamos falando de outra coisa senão de inferências.

Diagrama corresponde a uma estratégia investigativa que segue os caminhos especulativos do raciocínio ao mesmo tempo em que busca compreender a construção de sistemas semióticos em seu funcionamento e dimensionamento cultural oferecidos, assim, como modelos de mundo, sobretudo como mente "interpretante de todos os signos em conexão uns com os outros" (Silveira, 2007a, p. 33). Nesse caso, o diagrama não apenas se coloca como método como também acolhe o trabalho cognitivo da mente na triangulação da atividade do pesquisador, do sistema, da cultura. Em última análise, o diagrama apreende o trabalho da semiose no pleno movimento de sua atividade. Semiose não poderia ser mais bem definida senão como o exercício de inteligência (Santaella, 1992) que o universo da mente se encarrega de colocar em prática (Lotman, 1990).

Daí considerarmos como ponto fundamental do estudo dos diagramas a proposição de funcionamentos sob forma de raciocínio e como exercício de mente. Focadas na observação, manipulação[3] e experiência, as formulações de Peirce orientam-se para a compreensão da continuidade e de sua concepção do ponto de vista dos conceitos de sinequismo e falibilismo, vale dizer, de continuidade e de probabilidade que vincula os signos às experiências de fenômenos possíveis. O movimento aqui acontece no plano das explorações contingentes, não das certezas.

Caminhos analíticos na lógica dos relativos

Um dos pressupostos elementares da lógica associativa baseada em diagramas é a sua orientação gráfica, quer dizer, em relações que cumprem caminhos analíticos cujo movi-

---

3   Malgrado a carga negativa e pejorativa que a palavra "manipulação" adquiriu em nosso tempo, não vamos substituí-la visto que o nosso compromisso é para com o conceito, tal como aprendemos nos estudos peirceanos sobre a ética da terminologia. Manipulação diz respeito tanto ao processo de modelização quanto ao próprio diagrama.

mento é suscetível de visualização traduzida num grafo que, na definição de Peirce, corresponde a um "diagrama composto principalmente por pontos e linhas que ligam alguns dos pontos" (Peirce, 1977, p. 176). A lógica associativa pode ser considerada, assim, diagramática.

Peirce entende que a lógica diagramática se refere a qualquer sistema icônico porque passível de realizar gestos gráficos escritos, desenhados e, até mesmo, rabiscados. Rabiscos não são só letras mas também linhas, gráficos estendidos em suas dimensões. Nesse sentido, um diagrama equivale a um "ícone de um conjunto de objetos racionalmente relacionados" (MS 492:1, c. 1902; *apud* Pietarinen 2003, p. 8), o que imprime na lógica diagramática a capacidade de estabelecer e desenvolver relações capazes de operar expansões sob forma de um sistema de associações possíveis de serem representadas sob forma de grafos. O adjetivo "existencial" que qualifica o grafo se justifica por sua condição de ato que emerge das relações num presente, fora de qualquer dimensão apriorística. Com isso, os grafos existenciais são propostos como notações topológicas que incorporam o movimento de suas evoluções, sobretudo porque se trata de modelos de auto-desenvolvimento.

Não obstante tenha servido de fundamento a seu sistema lógico, a noção de grafo não foi concebida por Peirce. Na verdade, trata-se de uma denominação surgida na geometria. Formulada pelo matemático Leonhard Euler em 1736, a teoria dos grafos resulta de uma demanda imposta por um problema cuja solução frustrou muitos resultados no plano empírico. Trata-se do problema que ficou conhecido como o das sete pontes da legendária cidade de Königsberg onde nasceu ninguém menos do que Immanuel Kant em 1724. O desafio posto era o seguinte: Como atravessar as sete pontes da cidade num percurso contínuo, passando uma única vez em cada uma das pontes?

Desafiando todos aqueles que se dispuseram a pensar, o problema se tornou um dilema. Depois de infrutíferas tentativas, chegou-se à conclusão de que, na experiência, seria impossível encontrar um modo de atravessar as sete pontes da cidade percorrendo uma única vez cada uma delas.

Euler foi um dos que enfrentou o desafio e endossou a tese da impossibilidade de formular uma resposta percorrendo uma única vez um só caminho contínuo. Contudo, ao equacionar o problema para fora do plano empírico, ele chegou a uma formulação surpreendente. Servindo-se de um esquema simplificado de pontos e linhas, concebeu o traçado de um suposto percurso sobre as pontes e com ele desenhou um mapa, transformando o trajeto em deslocamentos de pontos e linhas. Com isso, descobriu que somente com a projeção de dois pontos de onde saísse um número ímpar de caminhos seria possível construir uma trajetória que atravessasse todas as pontes uma única vez. O grafo dos pontos com deslocamento ímpar tornou-se a chave heurística do problema, como se pode conferir no gráfico desenhado a partir do mapa das pontes na FIGURA 2.

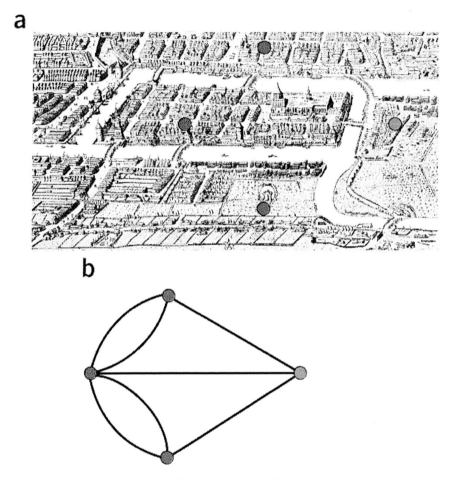

FIGURA 2 – Diagrama das pontes de Köningsberg
http://www.tiselvagem.com.br/artigos-cientificos/neo4j-banco-de-dados-orientado-a-grafos/

A experiência colocou ao matemático dois problemas distintos. Se no plano empírico o problema não se resolvia, no plano do pensamento emergia uma condição de possibilidade favorável, consagrando o grafo como *modus operandi* de pensamento. Nascia, assim, a teoria que se tornou fundamental para o desenvolvimento da matemática e dos processos de cálculo e de possibilidades.

Para a semiótica, a teoria do grafo deixou como contribuição a potencialidade do processo analítico a partir de indicadores elementares, sejam elas inferências, induções e até mesmo intuições capazes de estabelecer conexões e promover associações que levem a caminhos explicativos e aos efeitos de sentidos.

O fato de o grafo ser concebido sob forma de diagramas obriga a criação de modelos operativos em que elos ou ligaduras articulem o modo de organização relacional do pensamento, ao mesmo tempo em que coloquem em evidência a operação do raciocínio que leve a elaborações das possibilidades ou caminhos explicativos, como se pode ler no fragmento que se segue.

> Um grafo é um diagrama que consiste, primeiramente, em não mais do que uma folha em que está escrito; segundo, pelos pontos (ou seus equivalentes) com várias qualidades visíveis (como cores, etc); terceiro, pelas linhas de conexão (normalmente de apenas dois tipos: aqueles que são desenhados e aqueles que são deixados sem desenho); e, quarto, pelos contornos ovais"(...) "Um grafo existencial é um grafo lógico construído a partir de um sistema perfeitamente coerente de representação de tal forma que qualquer grafo parcial não fechado corresponda ao que a totalidade do grafo afirma" (MS 491, n.p.). (Pietarinen, 2003, p. 11).

Tal procedimento, presente no experimento de Euler, fundamenta-se na distinção que Peirce estabelece entre o trabalho do matemático e o do lógico. Segundo ele, ao matemático interessam os resultados e conclusões, enquanto que ao lógico interessa desvendar o processo e o caminho de suas explicações. "Seu desejo – afirma Peirce – é o de compreender a natureza do processo pelo qual se alcança um resultado" (Peirce 1977, p. 175). Ora, os grafos atendem prontamente à lógica uma vez que desfrutam de uma liberdade para se manifestar sob forma de experimentação de ideias, sejam elas inferências, intuições ou abduções em ocorrências com diferentes níveis de complexidade. Nesse sentido, o grafo se impõe como um modelo simplificado em que sínteses dialógicas se encarregam fazer convergir tramas diferenciadas de relações abertas ao movimento triádico.

Em respeito aos fundamentos da base teórica de sua formulação, conserva-se o horizonte das construções diagramáticas pensadas no campo da metafísica e da matemática, o que se torna muitas vezes um impeditivo para os pesquisadores não sintonizados com a temperatura das discussões filosóficas e lógicas que sustentam tais trabalhos. Não obstante, a lógica dos relativos levou nossas pesquisas a um mergulho nas formas de raciocínio, cujos processos de inferências, de movimento intuitivo e abdutivo, foram suficientes para sustentar atalhos da lógica associativa necessária para inserir o diagrama no campo das possibilidades.

Peirce conduz seus estudos do diagrama pelo viés da lógica dos relativos, sustentando as proposições que evidenciam as transformações sintáticas e as inferências. Como diagrama, Peirce examina a tipologia dos hipoícones, o gradiente distintivo da noção de similaridade e também daquela que entendemos entre conhecimento e manipulação. Isso para não dizer da importância das inferências e intuições na constituição de abduções que não podem ser descartadas na configuração do diagrama. Peirce encontra na cartografia a evidência das intuições e abduções para a construção do pensamento diagramático e do ícone gerador de diagramas. Este nos parece um campo de estudo empírico fundamental para tudo o que a história da cultura construiu em termos de gráficos, mapas, notações, modelos, morfologia, estruturas e padrões que, modernamente, buscam alcançar uma síntese na noção de design.

Da lógica dos relativos nos interessa explorar, do ponto de vista metodológico:
1) Linguagem como processo visual de interpretação;
2) Pensamento como sequência de quadros em movimento;
3) Mente como impressão indicial do processos perceptual e cognitivo.
4) Construção topográfica da argumentação no contraponto das sentenças.
5) Topologia das relações entre proposições.

A lógica dos relativos opera com a representação visual das sentenças que conservam aqui a síntese lógica do raciocínio tal como proposto por Aristóteles em seus estudos sobre o silogismo. Contudo, quando projetamos as relações da semiose em sistemas culturais, sobretudo das linguagens que temos estudado, o que encontramos são relações topológicas de problematização icônica. O entendimento das linguagens icônicas nos meios[4] e processos de comunicação torna-se um problema a ser estudado, sobretudo na frequência de sua construção sensorial ambiental. Nesse ponto, a lógica dos relativos sugere um outro encaminhamento para o estudo dos diagramas: trata-se da proposição que se distancia das sentenças e do silogismo para mergulhar nas associações topológicas do processo icônico e indexical desenvolvidos por formações visuais.

Se é certo que os processos de comunicação desenvolveram meios que não são apenas baseados na visualidade, não é difícil especular que o movimento perceptual e cognitivo que, a partir de sonoridades e tatilidades desenvolvidas pelos meios de comunicação, introduziu e elaborou uma lógica que não se traduz em sentenças. Chamemos de «padrão» aquilo que emerge do embate entre *percepto* e *concepto*, como formas de raciocínio em que as sentenças cedem lugar para estruturas gráfico-topológicas e algorítmicas baseadas no jogo sensorial. Avançando na especulação, diríamos que, hipoteticamente,

---

4   No horizonte de tal formulação não se encontram considerações sobre veículos tecnológicos, mas, sim, sobre os sistemas semióticos em seu meio ambiente de transformação perceptual, sensorial, funcional, cognitivo. O meio evoca disposições ambientais (cf. *affordances* em J. Gibson, 1986, p. 127-143).

os meios de comunicação desenvolvem estruturas topológicas que cumprem funções semelhantes às formações que Peirce observou nas formas geométricas, base de seu estudo sobre os *existential graphs*. Um grafismo em pedra ou a topografia de feixes de luz numa tela eletrônica (de cinema, vídeo, câmera ou monitor) movimenta percepções e sensações, logo, por que não movimentaria "raciocínios" lógicos?

Formações de uma gráfica icônica

Em Peirce, o «grafo» sintetiza a força do conceito em seu desenvolvimento inteligente e autogeração (Santaella, 1995, p. 19). Em nosso estudo do diagrama como problema semiótico da cultura, «gráfico» representa um gesto de qualificação da semiose, seu traço e sua articulação visceral. Gesto entendido aqui no sentido que lhe atribui Vilém Flusser (1994): expressão e articulação de signos que configuram uma nova forma de estar no mundo e de nele executar movimentos corporais que expressam uma intenção não causal, mas voluntária (Flusser 1994, p. 8). Vale dizer: os gestos como manifestações de significação, tanto expressam quanto articulam significados suscetíveis de interpretação. Nesse caso, os gestos promovem a interpretação culturalmente codificada que é também propriedade dos grafos.

Os códigos, aqui, cumprem a condição gráfica de gesto gerador de linguagem, de sustentação de padrão de conexão e, por conseguinte, de organização sistêmica. Se tal processamento floresce com as línguas e linguagens artísticas definidoras da condição antropológica do homem, sem dúvida elas se complexificam com os processamentos transformadores de condições tais como as ocorridas, por exemplo, no campo da eletricidade, que interferem diretamente no campo das linguagens icônicas. Emerge daí uma plasticidade semiótica marcada pelos procedimentos de transformação codificada, em cuja base conectam-se diferentes estruturas, formatos e processos diagramáticos.

Tomar a dimensão gráfica do ponto de vista de um movimento explicitado sob forma de gesto ou concentrado sob forma de traço foi um passo importante que nos colocou no caminho do diagrama como formação icônica. Para isso, foram igualmente iluminadores os estudos de Frederik Stjernfelt (2000) inseridos no seu audacioso empreendimento sobre a diagramatologia[5]. Nas proposições de Stjernfelt, o Grupo de Pesquisa

---

5 Frederik Stjernfelt, *Diagrammatology: An Investigation on the Borderlines of Phenomenology, Ontology and Semiotics*, 2007.

encontrou um caminho explicativo para constituição de eixos fundadores do estudo dos diagramas na semiótica da comunicação.

Sem enveredar para o campo de suas aplicações (biossemiótica, teoria da arte e teoria literária), tratamos de compreender as formulações fundadas no realismo icônico. Nele, o ícone é apresentado como condição operacional e como cálculo dedutivo em que a observação de relações entre partes se apresenta não apenas como funcionamento, mas também como mudanças experimentais. O ícone investe-se, pois, da capacidade de criar algo novo que é mais do que a soma das partes e da similaridade visual. Fora das relações entre suas partes, o ícone é reconfigurado. A relação com o objeto pode ser entendida pelo viés do movimento diagramático em relação ao índice e ao símbolo. Contudo, o caminho percorrido por Stjernfelt é longo e o que apresentamos a seguir é apenas um ramo colhido em seu artigo "Diagrams as Centerpiece of a Peircean Epistemology" (2000).

Ao examinar o papel do ícone nas investigações sobre o diagrama como operação mental de raciocínio, Frederik Stjernfelt não apenas avalia a retomada do ícone no campo cognitivo como esmiúça o campo operacional em que o ícone coloca em funcionamento cálculos dedutivos nas tramas de suas relações. Suas indagações abrem caminho para as reflexões que procuram entender o diagrama como operação relacional de pensamento, que projeta formas de raciocínio com base num campo de forças cognitivas muito mais amplo do que a figurativização de um traço supostamente baseado numa semelhança.

Eis que nos deparamos com a fina distinção entre aquilo que designamos como semelhante e a operação mental geradora da relação de similaridade a partir da qual o raciocínio, sobretudo a dedução, se instala e se desenvolve. Enquanto a semelhança não pode prescindir da comparação entre as propriedades de objetos, a relação de similaridade não se orienta pela comparação, mas pela transformação de qualidades com base num processo que se manifesta como interpretação, semiose ou simplesmente gesto. Assim, podemos indagar: entre os traços que desenham o mapa e o território a que se refere, existe semelhança ou relação de similaridade? Segundo todas as evidências, os mapas desenham o território a partir de relações de similaridade sem, contudo, estabelecer semelhanças. A composição de mapas explicita apenas e tão somente o cálculo dedutivo de toda operação mental baseada no pensamento diagramático icônico.

A formulação do cálculo dedutivo como critério operacional do ícone constrói o argumento de Stjernfelt sobre o diagrama como raciocínio dedutivo. Para ele, a dedução leva ao diagrama uma vez que o ícone se constitui por relações de similaridade entre partes de um todo sem, todavia, impedir as mudanças experimentais. Os mapas continuam a ser um forte exemplo de sua formulação.

Em todo cálculo há diferentes ações e circunstâncias implicadas, ou seja, o próprio cálculo é uma ação que se realiza baseada em circunstâncias. Ao ser compreendido como ícone, o cálculo dedutivo que orienta a construção do diagrama aciona as circunstâncias de similaridade, não aquelas relações que conhecemos pela experiência, adverte Stjernfelt, mas aquelas relações de possibilidades que o raciocínio elabora e formula como evidências. Assim, conclui Stjernfelt, o diagrama não representa apenas os correlatos relacionados, mas relações entre eles que dimensionam as evidências percebidas graças às generalidades.

Isso posto, Stjernfelt se pergunta: "Que tipo de signo pode comunicar evidência?". Segundo suas hipóteses, não pode ser o índice, uma vez que este confia ao objeto a interpretação na consciência. Não pode ser o símbolo porque ele joga com a identidade e o hábito que está longe de qualquer evidência. Logo, só pode ser o ícone que permanece como inferência meramente aproximativa da possibilidade do *percepto* e do julgamento perceptivo manifestado como cálculo de dedução. A evidência é, assim, um *percepto* que se mostra como inferência.

A evidência se apresenta como *percepto* numa mente percebedora e esta ação implica outros circunstantes que não são apenas da ordem da generalidade, mas incluem diferentes níveis de experiência, vale dizer, de mudanças advindas de experimentos, de provas, de vivências. No contracampo da evidência, se desenvolve outra operação de raciocínio que não pauta pelo cálculo dedutivo, mas sim pela intuição e indução de experiências. A intuição e indução acolhem os gestos de possibilidade não comprometidos com conclusões e generalidades, mas tão somente com a possibilidade. Também não pressupõem nenhuma atuação de julgamento apriorístico.

As relações de similaridade situam o ícone em relação tanto à evidência do cálculo dedutivo, quanto à intuição em contato com experiências. Em ambos os casos, o diagrama se constrói como abstração e, enquanto tal, se torna suscetível de transformação, sobretudo aquelas que se manifestam em função de usos. Stjernfelt deriva duas esferas diferentes de manifestação diagramática: uma orientada pela abstração do diagrama-tipo; outra, fruto do diagrama-*in-actu*.

O diagrama-tipo baseia-se em abstração em que a tipicalidade depende de orientações. Por exemplo, uma linha pode manifestar-se como diagrama de limite, conexão ou transporte (são vários predicados para um mesmo sujeito). É o uso que vai definir um tipo em detrimento do uso. Logo, o diagrama é uma abstração cuja evidência depende de circunstâncias definidas em uso. O diagrama-*in-actu* não se reporta a uma coisa, mas a uma ideia. Nesse sentido, o diagrama convoca um símbolo do diagrama-tipo. Mais importante, porém, que a classificação, está a formulação de que no diagrama se movimenta todo um campo de manifestação de forças da própria experimentação mental tornada o eixo sem o qual nenhum diagrama se constitui como evidência ou experiência.

Chegamos, assim, ao pressuposto elementar de que não é a abstração que define o diagrama, mas o dispositivo de transformação entre um diagrama (tipo) e o seu uso diagramático. Diagrama é sempre um ato de continuidade de construção diagramática (*in-actu*), como toda operação mental. Graças à transformação, o cálculo dedutivo define a condição elementar do diagrama.

Em algumas circunstâncias, é possível falar até mesmo em experiência como fase, a fase indutiva preliminar à transformação. Citamos, anteriormente, a linha como limite, conexão e transporte. Podemos dizer, agora, que uma ponte corresponde, diagramaticamente, a uma linha. Contudo, como eliminar desse diagrama a gravidade sem a qual a construção da ponte não se efetiva? Nesse caso, a gravidade se institui como fato indutivo prévio à fase dedutiva.

Ora, se a gravidade é a experiência que situa a indução como condição prévia, o diagrama forjado pela linha como "ponte" oscila entre a abstração e a abdução. Ou seja, nem tudo no diagrama é demonstração. A possibilidade abdutiva faz emergir o viés experimental da transformação que forja o diagrama como relação de outra natureza, longe até mesmo da forma de similaridade. Como observa Stjernfelt, a abdução emerge na dedução e durante a indução.

O caráter operacional do ícone extrapola o limite representativo em que o diagrama é presa simplificada de um objeto. Nesse sentido, o trabalho de Stjernfelt imprime na semiótica a dinâmica epistemológica em que o diagrama define um método analítico-interpretativo das operações mentais relacionais em que os processos de raciocínios forjam os ambientes de atos em circunstâncias de interação continuada.

O estudo do diagrama, segundo o realismo icônico de Stjernfelt, propõe um método diagramático baseado na lógica analógica em que o ícone se manifesta como possibilidade de manifestações de relações de similaridades.

Ainda que muito breves, esquemáticas e pontuais, as ponderações feitas a partir do artigo de diagramatologia de Stjernfelt nos permitiram chegar numa projeção particularmente significativa dos estudos do diagrama no entendimento semiótico da comunicação. Trata-se da ontologia da continuidade que não apenas conta com a potência, mas, sobretudo, assenta o diagrama como raciocínio – isso é, faculdade de empreender deduções ou conclusões a partir de observações.

Ontologia em *continuum* semiótico

Com base em que parâmetros conceituais poderíamos compreender o diagrama no processo de comunicação? – campo não coberto pela gramatologia de Sternfelt.

Sem perder de vista que o estudo semiótico parte da experiência, podemos indagar: que experiência se oferece à observação no contexto de comunicação? Não é preciso muito investimento especulativo para chegar à interação em diferentes níveis de ocorrências. Logo, se buscarmos na interação o ato de sua continuidade sígnica, encontraremos o trabalho dos signos, ou melhor, dos sistemas de signos em semiose. Esta proposição é diagramática. Nesse sentido, diagrama se apresenta como conceito semiótico por excelência, fora do qual não se alcança nem o signo nem a semiose de sua representação, construção, continuidade. Se no diagrama a observação conjuga a experiência e a conclusão, então, diagrama não pode ser outra coisa senão funcionamento da ação e da mente. Aqui o diagrama promove a conexão de generalidade e continuidade como típica ação do signo em flagrante movimento da semiose.

Todavia, o funcionamento não está configurado na dinâmica de seu envolvimento se a continuidade entre ação e mente não for compreendida como fenômeno de uma emanação intervalar, ou seja, da mente que percebe. O intervalo entre mente e mundo se projeta como percepção igualmente como fenômeno de continuidade. O fato de termos nos acostumados com a ideia de que percepção e conhecimento ou cognição são duas faces do mesmo fenômeno nos afastou de pensar o intervalo em sua potência e nele situar a continuidade. Mesmo nos estudos semióticos empreendidos por Peirce, a tríade e as tricotomias já partem do pressuposto da relação percepção e conhecimento, não obstante, a apreensão da iconicidade não possa prescindir do intervalo configurado na relação mente/mundo, sobretudo quando por ícone alcançamos o próprio movimento das emanações do raciocínio na mente. Aqui, ícone extravasa aquilo que o signo explicita na relação com o mundo, visto que procura potencializar outra ordem de eventos mentais que não cabem na similitude do reconhecimento, mas acionam as latitudes do estranhamento.

A proposta aqui é entender o diagrama do ponto de vista da ontologia em que os objetos e eventos, além de se desenvolverem num horizonte comum de continuidade, atritam-se, chocam-se e tornam-se singularidades sistêmicas abertas em sua capacidade interativa e fechadas em suas possibilidades. Este movimento define a ontologia do diagrama na semiótica da comunicação e, consequentemente, na cultura. A comprovação empírica desta compreensão é dada pelo desenvolvimento da linguagem num dado momento da continuidade evolutiva da vida potencial no planeta.

Em nome do *continuum* semiótico que está na base do processo triádico de compreensão do signo, do processo de semiose e de geração de interpretantes, sentido e informação nova, não poderia ser alijado dos estudos de semiosfera.

Se, em Peirce, a noção de continuidade fornece a base a partir da qual é possível considerar o *contiuum* semiótico do ponto de vista das extensões e os limites do real, do ponto de vista da semiosfera o *continuum* permite considerar representação, modelização, reverberações, tradução, metalinguagem, e, particularmente, o trabalho de transformação criadora em sistemas de autorreferência. Nesse sentido, entendemos o estudo do diagrama nos estudos de comunicação na cultura de meios e sistemas autorreguladores que desenvolvem em mente.

Referências

DAU, Frithjoh. *The Role of Existential Graphs in Peirce's Philosophy*. Disponível em: <http://www.existential-graphs.net/Papers/RoleOfEGsIinPhilosophy.pdf>. Acesso em: 15 de julho de 2013.

ECO, Umberto. *Tratado geral de semiótica*. São Paulo: Perspectiva, 2002.

FLUSSER, Vilém. *Los gestos. Fenomenologia y Comunicación* (trad. Cláudio Gancho). Barcelona: Herder, 1994.

GIBSON, James J. *The Ecological Approach to Visual Perception*. New Jersey: Lawrence Erlbaum Associates, 1986.

LARKIN, J.H.; SIMON, H.A. "Why a Diagram is (Sometimes) Worth Ten Thousand Words". *Cognitive Science*, v. 11, p. 65-99, 1987.

LOTMAN, Iuri. *A estrutura do texto artístico* (trad. M.C.V. Raposo e A. Raposo). Lisboa: Estampa, 1978.

_____. *La semiótica de la cultura y el concepto de texto; El texto y el poliglotismo de la cultura; El texto en el texto. La semiosfera I. Semiótica de la cultura y del texto* (Desidério Navarro, org.). Madrid: Cátedra, 1996.

_____. *Acerca de la semiosfera; Assimetria y diálogo. La semiosfera I. Semiótica de la cultura y del texto* (Desidério Navarro, org.). Madrid: Cátedra, 1998.

_____. *Cerebro - texto - cultura - inteligencia artificial; El fenômeno de la cultura. La semiosfera II. Semiótica de la cultura, del texto y de la conducta y del espacio* (Desidério Navarro, org.). Madrid: Cátedra, 1998.

LOTMAN, I.; PIATIGORSKI, A. *El texto y la funcion. La semiosfera II. Semiótica de la cultura, del texto y de la conducta y del espacio* (Desidério Navarro, org.). Madrid: Cátedra, 2000.

_____; USPENSKI, B. "Sobre o problema da tipologia da cultura". In: SCHNAIDERMAN, Boris (org). *Semiótica russa*. São Paulo: Perspectiva, 1979.

_____. *Sobre o mecanismo semiótico da cultura. La semiosfera III. Semiótica de las artes y de la cultura*. (Desidério Navarro, org.). Madrid: Cátedra, 1998.

LOTMAN, Yuri. *The notion of boundary. Universe of the Mind. A Semiotic Theory of Culture* (trad. Ann Shukman). Bloomington: Indiana University Press, 1990.

_____. *Discontinuo y continuo; La lógica de la explosión; El momento de la imprevisibilidad. Cultura y explosion. Lo previsible y lo imprevisible en los processos de cambio social* (trad. D. Muscheti). Barcelona: Gedisa, 1999.

MERRELL, Floyd. "Chewing Gum, Ambulating, and Signing, all at the Same Time: Or, the magical Number Three". *The American Journal of Semiotics*, 2006, v. 22, n. 1-4, p. 3-26.

NITRINI, Sandra. "O intertexto canônico em Avalovara". *Estudos Avançados*, v. 24, n. 69, p. 146, 2010.

PEIRCE, Charles Sanders. *Como tornar clara as nossas idéias. Semiótica e filosofia* (trad.O.S. da Mota e L. Hegenberg). São Paulo: Cultrix, 1975.

_____. "Da apologia do Pragmatismo". In: Peirce, C. S. *Semiótica* (trad. José Teixeira Coelho). São Paulo: Perspectiva, 1977.

_____."Conferências sobre o pragmatismo". In: Peirce, C. S. *Escritos coligidos* (trad. Armando M. D´Oliveira e Sergio Pomerangblum). São Paulo: Abril Cultural, 1980 (Os Pensadores).

_____. "Reasoning and the logic of things". In: Peirce, C. S. *The Cambridge Conferences Lectures of 1898* (Ed. By K.L. Kremer and H.Putnam). Cambridge: Harvard University Press, 1992.

_____. *Existential Graphs: MS 514* (Ed. By John F. Sowa), 2000. Disponível em: <www.jfsowa.com/peirce/ms514.htm>. Acesso em: 13 de julho de 2013.

PIETARINEN, A.-V. Peirce's Magic Lantern of Logic: Moving Pictures of Thought. Science. Helsinki, 2003. PDF. www.helsinki.fi./science/commens. Acesso: 04/05/2016.

PIGNATARI, Decio. *A semiótica de Peirce e sua pro-estética: Semiótica e literatura*. São Paulo: Perspectiva, 1974.

SANTAELLA, Lucia. Tempo de colheita. A assinatura das coisas: Peirce e a literatura. Rio de Janeiro: Imago, 1992.

_____. *A teoria geral dos signos: semiose e autogeração*. São Paulo: Ática, 1995.

SILVEIRA, Lauro B. da Silveira. "A natureza da semiótica e o diagrama dos signos". In: *Curso de semiótica geral*. São Paulo: Quartier Latin, 2007a.

_____. "Caráter sinfônico das representações semióticas". Cognitio. *Revista de Filosofia*, São Paulo, PUC-SP, 2007b, v. 7, n. 2, p. 303-315.

_____. "Continuidade e descontinuidade nas questões de fronteira". Cognitio. *Revista de Filosofia*, São Paulo, PUC-SP, 2009, v. 10, n. 1.

STJERNFELT, Frederik. "Diagrams as Centerpiece of a Peircean Epistemology". *Transactions of the Charles S. Peirce Society*, 2000, vol. XXXVI, n. 3.

_____. *Diagrammatology: An Investigation on the Borderlines of Phenomenology, Ontology and Semiotics*. The Netherlands: Springer, 2007.

WALTHER-BENSE, Elisabeth. *A teoria geral dos signos*. São Paulo: Perspectiva, 2000.

ZALIZNIÁK, A; *et al*. "Sobre a possibilidade de um estudo tipológico-estrutural de alguns sistemas semióticos modelizantes". In: Schnaiderman, Boris (org.). *Semiótica russa*. São Paulo: Perspectiva, 1979.

Capítulo 1

Na trilha dos textos de Eisenman: Notas sobre o processo de projeto de arquitetura – João Yamamoto

Disse Le Corbusier que "a arquitetura é o jogo sábio, correto e magnífico dos volumes reunidos sob a luz" (Le Corbusier 1977, p.13). A afirmação, disparada como tiro de alerta logo no início do célebre texto para anunciar as suas proposições aos arquitetos, não apenas revela e apoia uma concepção específica de arquitetura como também indica uma chave de leitura, aponta para uma forma de pensar e analisar as suas obras. Dos três "lembretes aos arquitetos" que seguem a afirmação – o volume, a superfície e a planta –, os dois primeiros referem-se diretamente à percepção da manifestação visual da construção, ou seja, às qualidades captadas e interpretadas através das capacidades perceptivas do olho no momento de interação com a obra. Já a última, a planta, aponta para o momento de concepção, para o pensamento a respeito de algo que ainda não existe fisicamente, para uma projeção no futuro[1]. A planta, como ferramenta analítica que cria uma espécie de visão racionalizada do espaço, organiza plasticamente os volumes e superfícies que, construídos, serão atingidos pela luz e apreendidos pelo olho. Sendo assim, a visualidade – tanto da arquitetura construída, como da planta – é para Le Corbusier o ponto central no pensamento sobre a arquitetura e, para nós, fundamental para analisarmos a sua obra.

Mas, ao olharmos para a infinidade de leituras feitas sobre o conjunto de realizações do arquiteto franco-suíço, encontramos não apenas análises que às vezes deixam a visualidade em papel secundário, como também algumas que simplesmente a ignoram.

---

1   A raiz no latim, *projectu*, indica essa ideia: "lançado para diante".

Além de leituras feitas a partir da expressão plástica, nos deparamos com outras que procuram localizar as obras dentro de uma tradição e dentro do percurso desenvolvido pela disciplina, que buscam compreendê-las a partir dos processos produtivos, das relações de trabalho no canteiro, da tecnologia da construção, que exploram o seu funcionamento como estrutura ou como organização programática, que avaliam o seu desempenho funcional, ergonômico, térmico, energético, e ainda, com outras tantas que partem das relações com a história da cultura em que foram produzidas, do lugar em que se realizaram, da vida do arquiteto que as projetou ou das relações sociais em que foram envolvidas. E, apesar da facilidade com que chegamos àquela conclusão e da óbvia ligação entre a ideia de arquitetura e a visão, não conseguimos deixar de considerar relevantes muitas das observações encontradas.

Qualquer um desses entendimentos, entretanto, se transformado em explicação ou definição, potencialmente cai por terra ou ao menos tem a sua estrutura abalada quando confrontado com a experiência da obra ou com outra análise feita sobre bases que são estranhas a ele. Qualquer associação é potencialmente falível. Qualquer retrato feito é distorcido se mudarmos o ponto de vista. E mais do que isso, como observou Décio Pignatari, qualquer análise feita sobre manifestações como as da arquitetura, enfrentará de antemão um limite que diz respeito à própria natureza do objeto.

> O mundo das formas – visuais, sonoras, palativas, hápticas, olfativas – é um mundo icônico. Nas relações dialéticas entre o *qualis* e o *quantum*, aqui, sobreleva o *qualis*, ou a 'qualidade de um sentimento', como quer Peirce. Ao analisarmos o estilo barroco, por exemplo, podemos verbalizar aquilo que consideramos como suas principais características: nesta forma de generalização simbólica (verbal), sobreleva o *quantum*. Mas a informação principal, o *qualis* do barroco, aquilo que faz do barroco um sistema formal único, não pode ser verbalizado. É um rema que só pode ser captado ou capturado por apreensão direta. É como procede o artista, diferentemente do analista, do crítico, do historiador; a função destes, justamente, é a de sitiar, acuar o objeto até os limites sitiáveis e acuáveis (além dos quais é inalcançável) (Pignatari, 1981, p. 111).

Mesmo se falarmos apenas dos pontos do texto de Le Corbusier – a planta, a superfície e o volume –, algumas questões além da visualidade poderiam ser consideradas. A planta não é somente o esquema gerador, a inscrição de uma regra na superfície do solo ou a base de onde se eleva uma estrutura, não é apenas o meio através do qual o arquiteto confere ordem ao jogo de volumes e superfícies que atingem o "olho do espectador" (Le Corbusier, 1977, p. 111). A planta é também um elo de ligação com a tradição em arquitetura, é parte de um sistema de projeção ortogonal, estabelece relações com disciplinas como a álgebra e a geometria, e é uma ferramenta de pensamento que, em função de suas próprias qualidades, maneiras de operar e traduzir, conduzem os resultados de uma maneira muito específica. A superfície e o volume, por sua vez, não são apenas imagem, não são apenas luz refletida pelo plano incidindo na retina, mas também som, textura, temperatura, ou ainda, a maneira como o indivíduo caminha (e o tempo dessa caminhada), independentemente de possuir a faculdade da visão.

Uma construção não é percebida e entendida como arquitetura apenas pela sua dimensão visual, mas pelo cruzamento e, fundamentalmente, pela percepção de relação entre as diversas qualidades (visuais, sonoras, táteis, olfativas), as diversas associações feitas a partir delas e as hipóteses e conclusões a que se chega nos raciocínios operados na tentativa de sua compreensão. A arquitetura é linguagem e, como organização de informação construída não apenas a partir de percepções visuais, mas multissensoriais, produz mensagens (e gera raciocínios) que não dependem exclusivamente do código visual. Parafraseando Iúri Lotman (1978, p. 49), em uma obra de arquitetura tudo é mensagem.

A apreensão da obra de arquitetura entendida como processo comunicacional abre caminho para a possibilidade de entendermos essas realizações como textos.

> Se a arte é meio de comunicação particular, uma linguagem organizada de forma particular (metendo no conceito de 'linguagem' o largo conteúdo que é recebido em semiótica – 'todo o sistema organizado que serve de meio de comunicação e que utiliza signos'), então as obras de arte – ou seja, as comunicações nesta linguagem – podem ser consideradas textos (Lotman, 1978, p. 32).

Materializada, percebida e interpretada, a obra de arquitetura ao mesmo tempo em que se dá como realidade espacial e como oferta aos sentidos, pode estabelecer um diálogo com outras disciplinas[2], dependendo assim de outros códigos, com realizações e

---

2   Na prova didática do concurso para professor titular da FAUUSP, João Batista Vilanova Artigas, o arquiteto que projetou o edifício da FAU e que foi a figura central daquilo que convencionou-se chamar de "escola paulista", responde à fala do Prof. Flávio Motta, na qual é citada a frase "É preciso fazer cantar o ponto de apoio": "Veja que interessante (…) como esse artista malicioso não aceita a relação imediata da passagem do apoio e da força de gravidade para sustentar a coluna a não ser por meio dessa forma dialética negativa da própria força inexorável da gravidade, por meio do capitel. Nesse ponto ele fala uma outra linguagem. Nessa altura, o que o arquiteto diz é: 'Não tenho nada a ver com a força da gravidade, é um obstáculo absurdo, que a ideia, o pensamento e a sensibilidade podem negar dialeticamente'. E negam-no cantando! Quem diz uma coisa dessas já está lendo na arquitetura, ou escutando a linguagem da forma. E, quando falo isso a vocês, é como quem apela à juventude para ter a sensibilidade de fazer com que cada um de seus edifícios, por mais modestos que possam ser, tenha uma coisa a dizer(…)" (Artigas 2004, p. 224).

projeções anteriores e com o processo de pensamento percorrido pelo arquiteto durante o projeto. Assim como haviam sido os inúmeros croquis, desenhos técnicos, textos, modelos físicos, todas as ferramentas que participaram daquele processo, a obra construída se estabelece como mais um elemento de um raciocínio arquitetônico[3] e oferece para aquele que percorre essa trilha – seja ele o arquiteto que a projetou ou simplesmente aquele que se propôs essa tarefa – elementos que não poderiam ser oferecidos de outra maneira. A obra de arquitetura, ao mesmo tempo em que é fenômeno, é também a formalização de um diálogo com toda a sequência de obras e proposições realizadas anteriormente (a tradição em arquitetura), com a natureza dos materiais que aglutinados lhe dão consistência, com todos os procedimentos e ações executadas no processo de construção (as marcas deixadas pelas mãos e pelas máquinas na matéria), com os suportes e técnicas de representação e com aquilo que todos esses elementos, colocados em relação uns aos outros, provocaram a cada etapa do processo. O projeto, construção e a obra realizada guardam, como arquitetura, embora de forma precária e totalmente dependente dos repertórios de seus intérpretes, uma íntima e inextirpável ligação.

Independentemente dos repertórios e das mais variadas associações feitas – pois, "caindo na vida", a obra de arquitetura foge do controle do seu criador e abre-se à infinidade de associações e significações possíveis, aos mais diversos usos e apropriações –, se falarmos dessas realizações como obras de arquitetura (e delas como textos), o projeto e a construção deverão ser tratados como o momento em que são pensadas as relações entre aqueles elementos, como um momento de notação de mensagens, de operação nos códigos (arquitetônico, tecnológico, visual, verbal, etc.), muito embora, como já dito, além da impossibilidade de previsão segura de resultados, será somente a obra realizada, com tudo aquilo que ela tem de específico e intraduzível[4], a responsável pela oferta aos sentidos.

---

3   Abrindo uma entrevista a Eva Meyer, Jacques Derrida disse: "Consideremos o pensamento arquitetônico. Não pretendo sugerir com isso que a arquitetura seja uma técnica apartada do pensamento e, por esta razão, talvez apropriada a representá-lo no espaço, constituindo quase que sua materialização; antes procuro expor o problema da arquitetura como uma possibilidade do próprio pensamento, que não pode ser reduzida à categoria de representação do pensamento. / Como você aludiu a uma separação entre teoria e prática, podemos começar nos perguntando como aconteceu essa divisão de trabalho. Penso que, no momento em que distinguimos a theoría da praxis, percebemos a arquitetura como uma mera técnica, descolada do pensamento. Quem sabe, não haverá, talvez, um caminho de pensamento, ainda por descobrir, que faça parte do momento da concepção da arquitetura, do momento do desejo, da invenção" (Derrida *apud* Nesbitt, 2006, p. 166).

4   O filósofo (...) não faz muita ideia da importância dos modos materiais, dos meios e dos valores de execução, porque tende invencivelmente a distingui-los da ideia. Repugna-lhe pensar numa troca íntima, perpétua, igualitária entre o que ele julga acidente e o que julga substância, entre a 'forma' e o 'fundo', en-

Parece não ser tão incomum entre arquitetos, inclusive, a ideia de que a arquitetura não prescinde de materialização para que seja entendida e pensada como tal (*cosa mentale*). Embora esse senso deva ser visto com algum cuidado – pois pode levar à ideia de dispensa de formalização nos raciocínios operados antes de se atingir a "representação" final da obra –, chamamos a atenção para ele, pois coloca em evidência os cálculos do processo de interpretação de que depende a arquitetura. É bastante significativo que grande parte do que chamamos de produção arquitetônica (talvez a maior parte) não seja feita de pedras, aço e cimento aglomerados em luta contra a gravidade, mas de grafite e nanquim depositados sobre o papel, formando desenhos e palavras. Também é notável que muitas das contribuições mais importantes para o pensamento da disciplina não tenham sido concretizadas, como as etapas intermediárias de alguns projetos que posteriormente sofreram interferências de maior força, ou as pranchas finais de outros que não puderam ter sequência. Da mesma forma, os diversos experimentos projetuais que não poderiam (ou não queriam) ser construídos pelas mais diversas razões, sejam elas políticas, sociais e até mesmo físicas, mas que apresentaram novas possibilidades para a arquitetura e se incorporaram no pensamento coletivo sobre ela: os edifícios monumentais de Étienne-Louis Boullée, as explorações dos artistas-arquitetos soviéticos Iakov Chernikhov, Kazimir Malevich, Ivan Leonidov e Vladimir Tatlin, as contra-construções de Theo van Doesburg, a produção crítica e política do Superstudio e Archigram, além de uma infinidade de outras manifestações arquitetônicas[5].

Nesse sentido, buscando se afastar da visão pálida e cristalizadora de algumas leituras – se comparadas com a riqueza que uma obra pode oferecer como comunicação – e procurando reunir as ferramentas que possibilitem leituras das obras de arquitetura

---

tre a consciência e automatismo, entre a 'matéria' e o 'espírito'. Ora, é justamente o hábito generalizado, a liberdade adquirida com essas trocas, a existência no artista de um tipo de medida comum escondida entre elementos de natureza extremamente diferente, é a colaboração inevitável e indivisível, a coordenação, a cada instante e em cada um de seus atos, do arbitrário e do necessário, do esperado e do inesperado, de seu corpo, de seus materiais, de suas vontades, e de suas ausências mesmo, que permitem enfim associar à natureza considerada como fonte praticamente infinita de assuntos, de modelos, de meios e de pretextos algum objeto que não pode ser simplificado e reduzido a um pensamento simples e abstrato, porque tem a sua origem e o seu efeito num sistema intrincado de condições independentes. Não se pode resumir um poema como se resume... um 'universo'. Resumir uma tese é reter-lhe o essencial. Resumir (ou substituir por um esquema) uma obra de arte é perder-lhe o essencial. Vê-se o quanto essa circunstância (se se compreender o seu alcance) torna ilusória a análise do esteta (Valéry, 1998, p.201).

5   Poderia ser somada à lista diversos outros textos não arquitetônicos, sejam eles verbais – os textos da crítica, da história e da filosofia, mas também os da literatura e poesia – ou não-verbais – como os das artes plásticas, do design, da música e do cinema –, que reverberaram de maneira bastante incisiva no pensamento sobre a disciplina.

como parte de um processo em pleno movimento, coloca-se a necessidade de atenção, além da própria obra realizada e incorporada na vida cotidiana e da produção da crítica e da historia que se refere a ela, aos diversos registros do processo de projeto e aos procedimentos desenvolvidos ao longo da sua construção, entendidos aqui como elementos que fizeram parte do pensamento sobre aquela obra. Melhor dizendo, coloca-se a necessidade de leituras da obra de arquitetura que considerem e estejam atentas aos raciocínios operados na sua configuração formal e às relações que a estruturam como linguagem. Dizer que há a necessidade de se desenvolver leituras desse tipo, significa dizer que há a necessidade de que essas leituras contemplem – como uma das partes do conjunto de relações que nelas se constroem, e que as constituem como hipóteses – alguns dos elementos emergidos na semiose do projeto.

Alterando de maneira significativa os rumos da pesquisa[6] que deu origem a esse artigo, o conceito de diagrama e de raciocínio diagramático de Charles S. Peirce, cujo estudo se tornou o elo entre os diversos trabalhos do Grupo de Pesquisa Semiótica da Comunicação, transformou a maneira como a obra e o projeto de arquitetura estavam sendo pensados. Mesmo não sendo assumido como o objeto principal da investigação – já que a pesquisa se propõe o estudo de uma ocorrência cultural e não da ontologia do diagrama, por exemplo –, ele se faz presente como um elemento que atravessa horizontalmente todas as explorações realizadas. Como pesquisa cujo objetivo inicial era o de empreender uma investigação sobre a linguagem da arquitetura e sobre a representação nos processos que antecedem a realização da obra, ou seja, o projeto e a construção, ganhando posteriormente mais concretude com a análise de uma obra, o trabalho sentiu o forte impacto do contato com o conceito de diagrama em diversos níveis, desde as preocupações com o modo de análise, algumas delas expostas nesse texto, até a forma como a minha dissertação de mestrado foi estruturada – dissertação cuja redação caminhou junto à desse artigo –, fortemente baseada na exploração da visualidade e do cruzamento de leituras de diversas naturezas.

Diagrama de Eisenman

Diante das dificuldades encontradas na formulação e no andamento da pesquisa e temendo o risco de se perder no labirinto de espelhos (e no acompanhamento dos reflexos de si mesmo) que a tessitura da linguagem verbal tende a construir, fui em busca

---

6   Pesquisa de mestrado desenvolvida no Programa de Pós-Graduação em Arquitetura e Urbanismo da USP, Faculdade de Arquitetura e Urbanismo sob orientação do Prof. Dr. Giorgio Giorgi Junior e defendida em 2014.

de uma realização que servisse de lugar onde as questões que emergissem pudessem ser trabalhadas. Assim, foi colocada como necessidade a escolha de uma situação exemplar, de uma obra de arquitetura onde pudessem ser flagrados com maior clareza, dada a saturação dos códigos, os indícios que nos levassem (como mera possibilidade) aos caminhos percorridos nos processos de projeto e construção, e desses de volta à interpretação da obra.

Nesse cenário surgiu a figura de Peter Eisenman, arquiteto norte americano cuja trajetória peculiar marcou profundamente o debate arquitetônico, sobretudo a partir do final da década de 1970. Embora o objeto de investigação procurado fosse uma obra e não o percurso de um arquiteto, no caso de Eisenman um recorte frio se tornaria não somente complicado, como impossível de ser feito pois, se as suas construções podem ser analisadas de forma isolada, podem também ser entendidas – e de maneira bastante clara – como momentos de uma sequência investigativa. Os vínculos e associações entre cada obra, entretanto, não se dão apenas por contiguidade e a partir de um elemento em comum que não diz respeito diretamente à forma das obras: o arquiteto Peter Eisenman. Suas ligações se dão em diversos níveis e são declaradas publicamente com diversas formas, tanto no verbal como a partir de associações por similaridade (e não só por semelhança). Se, como diria Pignatari, toda obra de arquitetura é crítica das obras que a precederam, aqui essa relação se coloca de maneira bastante contundente e visível. Impõe-se à análise de qualquer obra de Eisenman um voo panorâmico por todo o território do qual ela faz parte, necessidade reforçada pela fertilidade da dupla produção do arquiteto: a projetual e a teórica.

A atividade de Peter Eisenman no projeto se confunde com a sua atividade na teoria. A produção dos inúmeros textos, que são vistos pelo público como correspondentes lógicos e argumentativos de seus projetos, constitui uma investigação teórica que demonstra de maneira declarada o caráter exploratório da sua obra. A aproximação com as artes plásticas e o interesse pela filosofia de Derrida (com quem chegou a dividir em 1987 a autoria de um projeto no Parc de la Villette em Paris) poderia submeter a arquitetura a outras formas de pensamento que a levariam ao limite de sua dissolução, deixando de ser uma para ser pensada como a outra. O que se constata, no entanto, já que seus projetos e suas obras desenvolvem formulações não-verbais em diálogo (e não submissão) com as questões desenvolvidas na teoria, é a tentativa de redefinição da disciplina e de tensionamento da linguagem. Desenhando textos e escrevendo arquiteturas, Eisenman tenta construir uma trilha que, com algum esforço, poderia ser seguida por aquele que quisesse acompanhá-lo.

> No passado, a metáfora na arquitetura foi usada para expressar forças como tensão, compressão, extensão e alongamento – qualidades visíveis, senão literalmente nos objetos, pelo menos nas relações entre eles. A ideia de metáfo-

ra aqui referida nada tem a ver com as qualidades geradas entre dois edifícios ou entre os edifícios e os espaços; ao contrário, relaciona-se à ideia de que o próprio processo interno pode dar origem a uma espécie de figuração não-representacional no objeto. Isso significa recorrer não à estética clássica do objeto, mas à poética potencial de um texto arquitetônico. O problema, então é distinguir textos de representações, transmitir a ideia de que aquilo que se vê, o objeto concreto, é mais um texto do que uma série de referências visuais a outros objetos ou valores.

O que estamos propondo é a ideia da arquitetura como 'escrita' em oposição à arquitetura como imagem. O que está sendo 'escrito' não é o objeto em si – sua massa e volume – mas o ato de dar forma (Eisenman, 2006, p. 245).

Aquilo que o arquiteto desenvolve como questão central no campo da teoria, ou seja, a investigação sobre a linguagem da arquitetura e sobre a própria atividade projetual, é desenvolvido em suas obras – de maneiras mais ou menos profundas e formas mais ou menos claras – deixando na configuração final da obra índices das hipotéticas operações efetuadas durante o processo, pegadas que apontariam para caminhos possíveis levando ao momento de concepção da obra, percurso esse que seria o próprio ato de interpretação da obra e que poderia ser entendido como comunicação arquitetônica. Discutir se a tarefa foi ou não bem executada desviaria a pesquisa de seu interesse, levando-a ao campo da crítica. O que interessa aqui é perceber a preocupação – no arquiteto, e na obra da qual ele faz parte – com a consciência de linguagem.

Deixando, em certa medida, ser levado pelo encadeamento de proposições, ao mesmo tempo em que seguia as pegadas deixadas pelo caminho desenhado, essa pesquisa lançou um olhar sobre a produção arquitetônica de Peter Eisenman (suas obras e seus textos) buscando centrar-se na análise de uma obra específica. O valor de tal panorâmica em alternância com o mergulho reside, justamente, na percepção de importantes relações entre os diversos elementos do percurso do arquiteto e no entendimento de que aquilo que uma obra apresenta é qualitativamente diferente do que apresenta a outra.

House IV

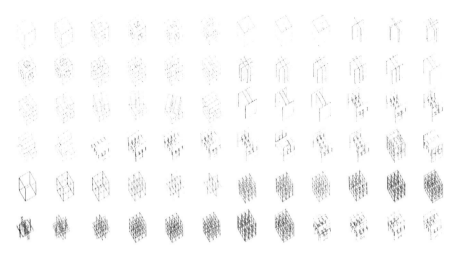

Figura 1 – Sequência de diagramas da *House IV* (Davidson, 2006. p. 47).

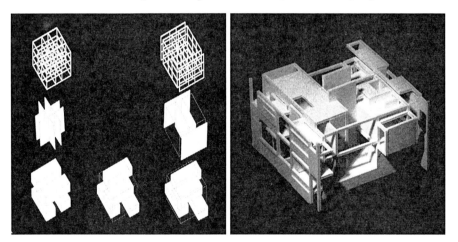

Figura 2 e Figura 3 – Sequência de diagramas e modelo físico da *House IV* (Acervo CCA).

Do percurso e da escritura de Peter Eisenman, o primeiro elemento pinçado e trazido para esse texto – com a intenção de suspender mais um elemento na rede de relações que se constrói nele – não é exatamente uma obra em específico, mas muito mais um estágio intermediário de uma experiência que marcou a primeira fase da sua carreira. Parte de uma série de casas projetadas entre 1967 e 1983, a *House IV* é trazida por indicar, através dos registros do processo de projeto e da materialidade final da obra (nesse caso, o modelo físico e os desenhos finais, já que a obra não foi construída), como o arquiteto se debruçou sobre a análise da atividade projetual não apenas através da teoria, mas também através de um exercício formal guiado por aquilo que ele determinou como uma espécie de regra geral para todas as operações efetuadas.

O princípio estruturador, uma malha geométrica tridimensional somada a um conjunto de procedimentos guiados por ela, entretanto, não consistia apenas em uma arbitrariedade descolada de relação com aquilo que estava sendo investigado, mas derivava de um esquema analítico herdado de Rudolf Wittkower explorado em alguns textos teóricos do arquiteto. O esforço empreendido por Eisenman no campo da teoria tem seu correspondente no campo da prática. As realizações projetuais de Eisenman nesse período são uma espécie de extensão dos seus estudos teóricos sobre a arquitetura, desenvolvidos na sua tese de doutorado de 1963 (Eisenman, 2006), nos escritos sobre a obra de Giuseppe Terragni (Eisenman, 1970, p. 38-41), ou em outros textos como o *"Notes on conceptual architecture"* (Eisenman, 1970, p. 1-15), publicado no ano anterior ao do projeto da *House IV*.

A partir do mesmo princípio, mas com diversas alterações e alargamentos do conjunto de regras determinadas nele, a série de casas foi projetada ao longo de mais de quinze anos como o desenvolvimento de um pensamento sobre a arquitetura. Tendo a geometria como princípio e a perspectiva axonométrica[7] como principal técnica de representação, uma impressionante quantidade de diagramas desenhados para cada um dos projetos registrava cada operação, cada decisão projetual que conformava volumes, planos, transparências e vazios. O processo de projeto, com todas as suas supostas etapas detalhadamente descritas, ganha contornos definidos e tem para cada uma das suas operações – antes livres de qualquer restrição, de qualquer orientação que não à da misteriosa dinâmica do gesto – um limite determinado e uma lógica reconhecível. O resultado final é um encadeamento de quadros de uma sequência fílmica que narra o processo de projeto, que desenha um caminho que explica a configuração da obra.

Mas não é somente no ambiente da representação gráfica que esse caráter narrativo é colocado. A configuração final da obra, supostamente feita de maneira desvinculada da frontalidade da fachada, mas preocupada com a criação de indexicalidades que apontem para as ações do projetista, estabelece relações com as obras que a precederam – tanto as do próprio Eisenman como as de Le Corbusier, Terragni etc – e com o raciocínio desenvolvido ao longo de todo o percurso. No caso da *House IV*, o fato de não ter sido construída em nada altera a sua posição dentro do conjunto, pois o que está em jogo nesse caminho não é a apreensão visual da obra construída, mas as relações formais que na sua

---

[7] A perspecitva axonométrica, curiosamente, foi uma ferramenta historicamente usada para descrever coisas devido à sua capacidade de representar no plano as três dimensões espaciais de maneira simultânea.

concepção diagramática são apontadas como possibilidades. Se dentro de um raciocínio um diagrama conduz a construção do próximo, na arquitetura uma obra é um pensamento sobre as anteriores e se coloca na base da configuração de uma construção futura.

Biocentrum

RULES 6-15-87

Generation 1 : Base figures

all solids
height = width
center line is ground plane

Generation 2 :

front: solid,
tall=wide short=narrow
up=left down=right
gaskets: solid
tall=narrow short=wide
center
back/sides: void
tall=wide short=narrow 1 reading per side or back
center

Generation 3 :

front: solid (blanks become void and flip interior)
tall=wide short=narrow
up=left down=right
gaskets: (blanks become void
tall=wide short=narrow
dimensions begin * below bottom surface, eat * into face
back/sides: void
tall=narrow short=wide 3 readings per side or back
dimensions begin * below bottom surface eat * into face

tall=wide	short=narrow	tall=narrow	short=wide
0-2	2	0-2	40
3-4	4	3-4	38
5-9	6	5-9	34
10-14	10	10-15	30
16519	16	15-19	26
20-24	22	20-24	22
25-29	28	25-29	14
30-40	34	30-34	6
40+	40	40+	2

*	0-9	0.5
	10-24	1.0
	25+	1.5

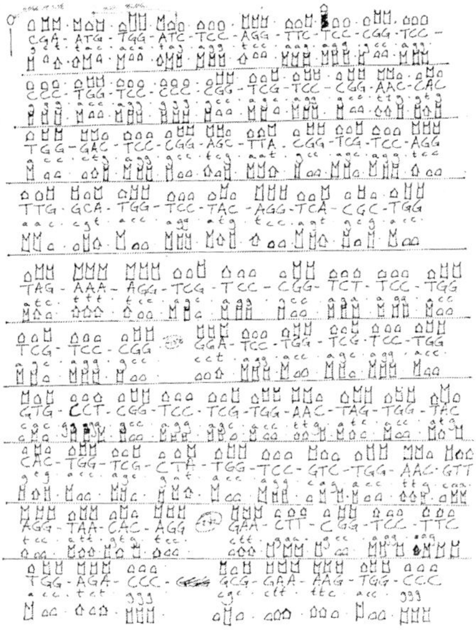

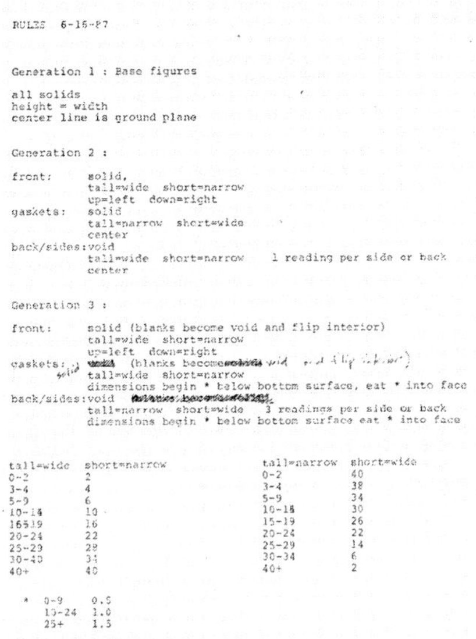

Figura 4 e **Figura 5** – Derivações de possibilidades combinatórias e conjunto de regras do projeto (Acervo CCA).

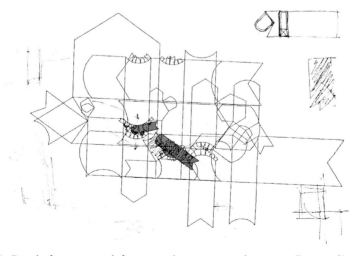

Figura 6 – Desenho feito com o uso de ferramentas eletrônicas e anotado à mão por Eisenman (Acervo CCA).

Figura 7 – Modelo físico (Acervo CCA).

Uma das questões que podem ser extraídas desse tipo de abordagem projetual (e que de fato foram pela comunidade arquitetônica), na qual cada desenho, modelo ou obra é visto como parte de um processo que guia a elaboração de uma representação seguinte, é relativa à visão que se tem do autor naquilo que diz respeito à intencionalidade. Condicionado por um conjunto de regras e por uma forma de representação determinados *a priori*, o trabalho e o gesto do arquiteto estariam incorporados (ou aprisionados) nessa espécie de máquina de geração de formas. Entretanto, e mantendo a coerência com o que já foi dito até agora, além de assumirmos qualquer projeto de arquitetura como algo necessariamente baseado em condições que antecedem os cálculos formais executados durante o processo – condições que constituem, por exemplo, a habitabilidade da obra –, entendemos que mesmo o gesto, cuja compreensão é muitas vezes coberta por uma neblina mística, não é livre de uma maneira muito específica de traduzir as formalizações realizadas mentalmente nos raciocínios.

No projeto do Biocentrum, além das condicionantes normais de um projeto de arquitetura e do trabalho exaustivo com as representações diagramáticas de relações formais, a determinação de uma regra para os procedimentos foi levada a um nível de definição tão alto que levou a comparação com a máquina a um limite muito próximo de realização, chegando a ser descrito por Greg Lynn[8], no seu esforço de escrever uma história da chamada "arquitetura digital", como um momento de invenção da "abordagem paramétrica".

---

8   Greg Lynn foi integrante da equipe de Eisenman no projeto do Biocentrum e é o curador da exposição "Archaeology of the Digital" realizada de 7 de maio a 13 de outubro de 2013 no Canadian Centre for Architecture (CCA).

Partindo de uma representação esquemática usada tradicionalmente na Biologia – na qual o DNA é descrito através de formas geométricas e cores – o projeto foi desenvolvido como "uma leitura arquitetônica dos conceitos biológicos de processos de DNA", interpretando-os "em termos de processos geométricos" e "abandonando a geometria euclidiana clássica, sobre a qual a disciplina é baseada, em favor de uma geometria fractal" (Eisenman, 1988, p. 30), que estabeleceria um elemento de similaridade com a geometria dos processos do DNA e uma analogia entre a construção biológica e a construção arquitetônica.

> No projeto, as figuras da Biologia foram sobrepostas sobre o terreno em uma linha com início na entrada principal, seguindo a exata seqüência da cadeia de DNA para a proteína do colágeno, que produz a resistência à tração necessária em estruturas biológicas como o osso (…).
> O projeto foi produzido pela sujeição deste código figurativo aos próprios processos que ele descreve. Estes processos biológicos foram interpretados arquitetonicamente através da geometria fractal. Na geometria fractal, formas geométricas crescem através da aplicação de uma forma de geração em uma forma base (EISENMAN, Peter. "Biology Center for the J. W. Goethe University of Frankfurt am Main, 1987". Assemblage, n. 5, fev. 1988, p.30. Tradução nossa.

O princípio combinatório do DNA e a geometria fractal, convertidos em conjunto de regras para o desenvolvimento do projeto, estabeleceu uma curiosa interpretação de uma das condições descritas no programa de necessidades: a possibilidade de futura expansão do complexo de edifícios. Mais do que detalhar um edifício e a sua implantação, assim como desenhar as construções e ligações que poderão ser realizadas futuramente, o projeto de Eisenman escreveu o código genético que guiará o crescimento do conjunto de edifícios. Nesse sentido, o arquiteto perde a relação direta com o desenho, e a expressão ou gesto deixam de ser relevantes para a discussão da obra. Isso não significa, entretanto, uma falta de intencionalidade, mas apenas põe evidência uma mediação.

Memorial dos Judeus Assassinados da Europa[9]

FIGURA 8 e FIGURA 9 – Modelo físico do Memorial do Holocausto em Berlin (Binet; Rauterberg; Wassmann 2005).

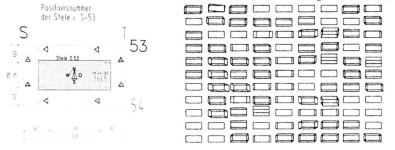

FIGURA 10 – Detalhe de prancha do Projeto Executivo com esquema de identificação de peças. (Acervo CCA. Foto: Georgia Lobo, 2012).
FIGURA 11 – Detalhe de planta com indicação de variação na inclinação das peças (Binet; Rauterberg; Wassmann 2005).

A arbitrariedade de uma regra definida *a priori* foi repetidamente trabalhada por Eisenman em diversos outros projetos ao longo de sua trajetória, e, através da sua interpretação na forma de malha bidimensional, ou *grid*, foi geradora de sentidos em um dos seus principais trabalhos.

Como obra peculiar de arquitetura, cujo "programa de necessidades" de baixa definição no que dizia respeito à função (a de ser um lugar de lembrança) não poderia levar à pretensão de previsão do uso, o Memorial dos Judeus Assassinados da Europa foi realizado ao longo de um complicado processo que ao todo durou aproximadamente dezesseis anos. O problema central da obra – a representação do massacre de 6 milhões de

---

[9] As considerações feitas nesse item são uma versão resumida de uma análise desenvolvida em um artigo enviado ao 2º Seminário Internacional "Representar – Brasil 2013: As representações na Arquitetura, Urbanismo e Design", seminário organizado por cinco instituições de ensino superior – USP, USJT, UPM, SENAC e FADU-UNL – e realizado de 07 a 09 de agosto de 2013.

judeus e de toda a complexidade da memória do Holocausto – foi amplamente debatido no período de gestação da iniciativa e permaneceu vivo graças às diversas polêmicas em que foi envolvido ao longo dos anos que sucederam a escolha do projeto de Eisenman até a inauguração no ano de 2005.

Proposta em um debate público em agosto de 1988 por um grupo de cidadãos organizados – reunidos inicialmente como oposição à concepção da exposição "Topografia do terror"[10] – a iniciativa gradualmente conquistou o apoio de uma sociedade que vivia um momento conturbado e ao mesmo tempo reflexivo. A Alemanha passava por um período de profundas transformações sociais, como o iminente fim da separação em dois países, e, ao mesmo tempo, de lembrança e reflexão sobre a sua própria história, como os quarenta anos do final da guerra[11] e os setecentos e cinquenta anos da cidade de Berlim, ocasião na qual foi promovida a exposição geradora da polêmica. O contexto, obviamente, não serve como fonte de argumentos, mas dá algumas pistas de elementos presentes no ambiente em que a sociedade berlinense optou por erguer um memorial dessa natureza. O que se nota nele é a tensão entre a ideia de uma renovada Alemanha, concretizada na reunificação do país e na reconstrução da cidade de Berlim, e a indigesta e massacrante presença da memória da guerra e do Holocausto, exposta diariamente nas ruínas espalhadas pela cidade, nos filmes e programas de TV, no conteúdo didático das escolas e no mal-estar que gerava nas diferentes gerações: as mais antigas, que viveram a guerra e que carregavam a culpa por uma relativa conivência com os horrores do nazismo, e as mais novas, que eram obrigadas a lidar com um passado que não lhes pertencia.

De olho nesse contexto e no significado que os monumentos e memoriais haviam ganho na história da arte, o texto de apresentação do projeto escrito por Peter Eisenman discute o tratamento da memória e manifesta a intenção de afastar-se de um modo de representação simbólica presente em inúmeros monumentos e memoriais do Holocausto construídos ao redor do mundo. O projeto de Peter Eisenman em colaboração com o artista americano Richard Serra propôs a ocupação do terreno com um mar de elementos prismáticos de concreto com diferentes alturas e organizados em um rígido *grid*, sem qualquer referência ou instrução clara de uso e interpretação, e sem dizer claramente em nome

---

10 Exposição projetada em 1987 por Jürg Steiner e instalada no terreno que havia abrigado a sede da Gestapo. No mesmo local foi iniciada a construção de um edifício projetado por Peter Zumthor para abrigar a exposição definitiva, construção demolida em 2004 e substituída pelo edifício atual.

11 Em 1985, ano marcado por uma série de eventos comemorativos e pelo discurso de Richard von Weizsäcker, presidente da Alemanha Ocidental, considerado por alguns como o pedido oficial de perdão pelos crimes cometidos pela Alemanha.

de que havia sido construído, reservando assim, àquele que viria a experimentar o espaço, as associações possíveis feitas por cada um de seus visitantes.

> (...) o monumento tenta apresentar uma nova ideia de memória, distinta da de *nostalgia*. Propomos que o tempo do monumento, a sua duração, seja diferente do tempo da experiência e da compreensão humana. O monumento tradicional é entendido por seu imaginário simbólico, pelo que ele representa. Não é entendido no tempo, mas num instante no espaço (...).
> Neste monumento não há objetivo, não há fim (...). A duração da experiência de um indivíduo não garante uma maior compreensão, uma vez que o entendimento é impossível. O tempo do monumento (...) é dissociado do tempo de experiência. Neste contexto, não há *nostalgia*, não há memória do passado, mas apenas a memória viva da experiência individual. Aqui, só podemos conhecer o passado através de sua manifestação no presente (Eisenman, 2005, p. 12).

Mas, apesar da intenção e do esforço declarado pelo arquiteto, a força de lei que uma simples associação pode ganhar no processo de interpretação da obra, somada à forma como a ideia de figuração é vista no meio arquitetônico, parece ter motivado alguns questionamentos e reprovações por parte da crítica. Além da associação com o sentido e com a figura do labirinto, vinda talvez de uma rápida citação no texto de apresentação[12] e da ideia de desorientação atribuída a alguns projetos de Eisenman, a associação feita pela crítica com túmulos e cemitérios – especialmente com o antigo cemitério judeu em Praga, evocado em diversos textos – recaiu sobre a obra com tal força que acabou por se tornar uma espécie de explicação para a configuração do conjunto e para a volumetria do seu elemento primário, o monólito de concreto.

A associação é reforçada ainda pelo uso da palavra *stela*, que é alternada no texto com a palavra *pillar* em quase igual número e em igual contexto, sempre referindo-se aos monólitos de concreto armado. Embora o fato possa parecer de certa forma banal, é notório, ao menos como curiosidade na reflexão sobre o tratamento dado à memória do Holocausto na sua representação arquitetural, o modo como uma palavra, cujo uso mais comum atualmente remete à ideia de lápide, seja encontrada em registros de todo o processo de projeto, desde a primeira etapa até as pranchas finais do projeto executivo. Por outro lado, também é notório que na sua origem (do grego *stēlē*)[13] a palavra tenha uma

---

12 Apontado, entretanto, como uma arquitetura tradicional na qual há um "contínuo de espaço-tempo entre experiência e conhecimento".

13 Segundo o Oxford English Dictionary.

maior abertura e seja muito menos definidora de um único entendimento, significando apenas "bloco em pé".

Entretanto, e apesar de todos os indícios que apontam para a figuração de túmulos e de um gigantesco cemitério, a forma das pedras e a disposição em linha talvez tenha origem no que pode ser visto como uma citação velada de um projeto anterior do mesmo arquiteto, o Monumento e Memorial Dedicado aos Judeus Vítimas do Regime Nazista na Áustria, na Judenplatz de Vienna, projeto feito somente dois anos antes para um concurso em 1995. Esse procedimento de citação descontextualizada, de colagem arbitrária – muito aceitável à sensibilidade eletro-eletrônica, acostumada com o recurso da sobreposição e da montagem cinematográfica –, já havia sido desenvolvido pelo arquiteto (embora de maneira declarada) em diversas outras ocasiões, como por exemplo no Cannaregio, projeto para Veneza em 1978, e levado a consequências dramáticas como no projeto de que falamos há pouco, o Biocentrum. No projeto da Judenplatz, Eisenman efetuou a sobreposição de diversos mapas e o cruzamento de camadas e níveis determinando a configuração espacial da praça. Na primeira camada usou dois mapas de guetos judaicos em Viena, um destruído em 1421 e o outro em 1678, escalados de forma a ajustar-se à dimensão da área. Na segunda, o mapa da Áustria e da Alemanha, indicando a anexação em 1938. E finalmente, a terceira, com a representação bidimensional da planta de Auschwitz, com seus enormes galpões retangulares organizados em uma típica instalação militar.

É curioso que da associação com túmulos e cemitérios e daquilo que parece ser a origem da forma dos blocos e do conjunto, ou seja, a planta do campo de extermínio de Auschwitz, reste como elemento em comum somente a similaridade visual e a ideia de morte. Isso se torna fato de grande importância pois pode indicar, senão um considerável domínio no que diz respeito à consciência do suporte de representação e da comunicação na arquitetura, uma feliz coincidência de elementos formando algo um pouco mais próximo da desejada complexidade na representação da memória do Holocausto.

A inclinação das estelas (e aqui a dupla acepção da palavra cai como uma luva), por sua vez, além de ser traço comum a todos os cemitérios antigos – que ao longo dos séculos sofreram com a ação do tempo e com o movimento eterno (invisível ao olho do homem) em que todas as coisas estão –, pode ter a sua origem pensada além da simples alusão ou da figuração. Sua origem mais provável, juntamente com a da extrema variação de altura, talvez esteja na precariedade do modelo físico feito na primeira etapa do projeto, na escala reduzida da representação e na limitada precisão da operação manual, que se baseou na ação de inserir elementos prismáticos em uma malha regular perfurada. A imprecisão e extrema variabilidade de inclinações e alturas talvez seja também resultado de um processo de projeto manual, ou seja, de um pensamento sobre a arquitetura desenvolvido através da – e na – manipulação do modelo, com formulações de hipóteses para problemas formais em diálogo com problemas conceituais. O que podemos extrair daqui é a ideia de uma representação apresentando possibilidades que passam a ser incorporadas e pensadas em relação aos elementos surgidos anteriormente: uma representação participando de um pensamento. O palpite pode ser plenamente aceitável, tendo em vista o percurso e as convicções dos autores do projeto, o arquiteto Peter Eisenman e escultor Richard Serra. E, ironicamente, a gestualidade inibida pelo modo arbitrário como o *grid* se impõe na configuração formal, se fez presente na obra, embora de uma maneira menos literal e calculada em termos racionais.

A imprecisão e extrema variabilidade do modelo do concurso, tidas como qualidades a serem mantidas nas etapas posteriores, se transformaram na necessidade de extrema precisão e ordem nos processos de projeto e construção. Com o desenvolvimento da proposta e o aumento de definição dos seus elementos visando a construtibilidade, cada monólito, que antes se perdia entre tantos outros cravados da mesma maneira imprecisa na malha perfurada, passou a ter um nome, um endereço e uma descrição física. O uso tradicional de eixos nos dois sentidos, embora com um intervalo muito menor do que o usual (resgatando assim o *grid* com um sentido prático), e de instruções de instalação – que definiam o nome da peça (J16, H42, etc.), o tipo (11 tipos em função da altura) a localização no terreno e as inclinações nos sentidos x e y (variando de 0,5° a 2°) – aliados a um processo industrial de fabricação das peças principais, os monólitos, geraram uma obra extremamente precisa e bem acabada que aumenta em grande grau o contraste com a inclinação e ondulação dos blocos e do terreno. Aqui mais uma vez as qualidades do suporte se colocaram em jogo alterando a posição das demais peças do tabuleiro, gerando qualidades e produzindo novos sentidos.

O conflito entre a extrema precisão do *grid* – e dos processos feitos com grande controle nas etapas finais de projeto e construção – com a imprecisão e extrema variabilidade dos processos manuais utilizados no início do desenvolvimento da obra, um conflito envolvendo a ideia de ordem, teve ainda uma sequência que, ao mesmo tempo em que ganha valor de paródia, ajuda a revelar importantes questões relativas à configuração formal do campo de estelas, aos significados a ele atribuídos e à maneira como o Memorial dos Judeus Assassinados da Europa foi incorporado como acontecimento na cidade de Berlim: a conversão diária da obra em um campo de brincadeiras e jogos de perseguição.

A maneira pouco narrativa – ou ao menos pouco indutiva a uma interpretação determinada – com que foi conduzido o processo de configuração formal, abriu espaço[14]

---

14   Espaço que, potencialmente, já estaria aberto de qualquer maneira...

para associações inesperadas dessa natureza. Mas, por outro lado, os elementos se arranjam de tal maneira e a ordem espacial é tão grande que a brincadeira de pegar e esconder não só é facilitada, como também, de certa forma, recebedora de estímulo. Cada beco estreito cruzado por tantos outros, cada continuidade e descontinuidade entre um bloco e outro, parece ser um convite àquele que já conhece a brincadeira. E a regra principal dela é a própria regra de ordenação dos blocos.

A dimensão da obra, por sua vez, é uma das responsáveis pelo estado de imersão e isolamento[15] da cidade no qual se encontram aqueles que passeiam pelos longos corredores escuros, estado que difere muito daquele em que estaria uma pessoa perdida em um labirinto. No labirinto a concepção do espaço está baseada na criação de um efeito de desorientação nos seus visitantes que, por sua vez, guiam o tempo da experiência à compreensão do problema, à decifração do enigma. Quase tudo se resume a um jogo no qual o labirinto quer confundir e o visitante quer compreender. No Memorial, por outro lado, o estado de imersão não está necessariamente relacionado com o de desorientação e o visitante, por mais que se esforce em se perder, traçando caminhos aleatórios em disparada, sempre encontrará na visão do final dos corredores uma referência espacial – dada pelas construções ao redor da obra e pelas árvores do Tiergarten – que o dirá em que ponto aproximadamente ele está. Nessa obra, ao contrário do labirinto, não há entradas ou saídas[16], mas uma centena de ruas indistinguíveis levando a tantas outras, sem qualquer objetivo ou função que não a de simplesmente ser percorrida.

É bastante significativo que a inteligibilidade do espaço – a clareza e simplicidade das relações espaciais –, tão evidente na facilidade de navegação em um campo daquela dimensão, assim como a inutilidade (Eisenman, 2004, p. 187)[17] do conjunto e a indistinguibilidade dos elementos, seja resultado da organização em um rigorosíssimo e arbitrário *grid*, da ideia de ordem levada a graves consequências na configuração formal.

---

15 O jogo distingui-se da vida 'comum' tanto pelo lugar quanto pela duração que ocupa. É esta a terceira de suas características principais: o isolamento, a limitação. É 'jogado até o fim' dentro de certos limites de tempo e de espaço. Possui um caminho e um sentido próprios. (…) E há, diretamente ligada à sua limitação no tempo, uma outra característica interessante do jogo, a de se fixar imediatamente como fenômeno cultural. Mesmo depois de o jogo ter chegado ao fim, ele permanece como uma criação nova do espírito, um tesouro a ser conservado pela memória. (…) A limitação no espaço é ainda mais flagrante do que a limitação no tempo. Todo jogo se processa e existe no interior de um campo previamente delimitado, de maneira material ou imaginária, deliberada ou espontânea. (…) Reina dentro do domínio do jogo uma ordem específica e absoluta. E aqui chegamos a sua outra característica, mais positiva ainda: ele cria ordem e é ordem (Huizinga 2007, p. 12-13).

16 Nas palavras de Régis Bonvicino ou na voz de Itamar Assumpção: "não há saídas: só ruas, viadutos e avenidas".

17 Tradução livre do autor.

Tensionando um pouco mais a corda, seria possível estabelecer uma relação entre a ideia de ordem presente no *grid* com o modo de produção e pensamento da fase mecânica da Revolução Industrial, trazendo mais um elemento para a rede de relações que estamos construindo na tentativa de análise de uma obra em que se colocou a difícil tarefa de representar a memória do Holocausto.

Aparentemente o primeiro computador eletromecânico foi construído na Alemanha nazista, sendo usado para o recenseamento de judeus, ciganos, comunistas e homossexuais que, transformados em dados traduzidos em furos em cartões de papelão, poderiam facilmente ser localizados. Um massacre da dimensão do chamado Holocausto não foi possível de ser feito através da expressão colérica, da explosão de ódio do antissemitismo, mas sim através da frieza e ordem dos sistemas computacionais. E a associação da ideia de ordem com o assassinato de 6 milhões de judeus encontra ainda uma forte imagem na de morte como estado entrópico nas relações que formam a vida.

Referências Bibliográficas

ARTIGAS, João Batista Vilanova. *Caminhos da arquitetura*. São Paulo: Cosac Naify, 2004.

BINET, Hélène; RAUTERBERG, Hanno; WASSMANN, Lukas. *Holocaust Memorial Berlin*. Baden: Lars Müller Publishers, 2005.

DAVIDSON, Cynthia. *Tracing Eisenman*. New York: Rizzoli, 2006.

EISENMAN, Peter. "Biology Center for the J. W. Goethe University of Frankfurt, Frankfurt am Main, 1987". *Assemblage*, n. 5, fev. 1988, p. 28-50.

_____. "Dall'oggetto alla relazionalità: la Casa del Fascio di Terragni". *Casabella*, n. 344, jan. 1970, p. 38-41.

_____. *Eisenman inside out: selected writings, 1963-1988*. New Haven: Yale University Press, 2004.

_____. "Memorial to the Murdered Jews of Europe". In: STIFTUNG DENKMAL FÜR DIE ERMORDETEN JUDEN EUROPAS. *Materials on the Memorial to the Murdered Jews of Europe*. Berlin: Nicolai Verlag, 2005, p. 12.

_____. "Notes on Conceptual Architecture: towards a definition". *Design Quaterly*, n. 78-79, 1970, p. 1-5.

_____. *The formal basis of modern architecture*. Baden: L. Müller, 2006.

_____. "The futility of objects: Decomposition and the processes of differentiation". In: *Eisenman inside out: selected writings, 1963-1988*. New Haven: Yale University Press, 2004, p. 187.

_____. *Written into the void: selected writing, 1990-2004*. New Haven: Yale University Press, 2004.

HUIZINGA, Johan. *Homo Ludens*. São Paulo: Perspectiva, 2007.

LE CORBUSIER. *Por uma arquitetura*. São Paulo: Perspectiva, 1977.

LOTMAN, I. M. *A estrutura do texto artístico*. Lisboa: Editorial Estampa, 1978.

NESBITT, Kate. *Uma nova agenda para a arquitetura: antologia teórica (1962-1995)*. São Paulo: Cosac Naify, 2006.

PIGNATARI, Décio. *Semiótica da arte e da arquitetura*. São Paulo: Cultrix, 1981.

STJERNFELT, Frederik. "Diagrams as Centerpiece of a Peircean Epistemology". *Transactions of the Charles S. Peirce Society*, v. 36, n. 3, p. 357-384, 2000, Indianapolis.

SCHLÖR, Joachim. *Denkmal für die ermordeten Juden Europas*. Berlin: Prestel, 2005.

STIFTUNG DENKMAL FÜR DIE ERMORDETEN JUDEN EUROPAS. Materials on the Memorial to the Murdered Jews of Europe. Berlin: Nicolai Verlag, 2005.

VALÉRY, Paul. *Introdução ao método de Leonardo da Vinci*. São Paulo: Editora 34, 1998.

Capítulo 2

Ontologia do espaço numérico: investigação preliminar a partir do diagrama – Daniela Osvald Ramos

A escolha pelo desafio em investigar a ontologia do espaço numérico que nos empenhamos em conceituar neste artigo, se deve, em primeiro lugar, a entendermos que as expressões "novas mídias" ou "mídias digitais" não bastam para nos localizarmos no ecossistema no qual as mídias digitais habitam. Kittler (2009, p. 23-24) chama atenção para a necessidade em nos preocuparmos com a relação entre *forma* e *conteúdo* dos meios de comunicação no tempo e no espaço, e não apenas em definir o que é forma e o que é conteúdo, como é próprio da ontologia como tratada pela primeira vez por Aristóteles. O autor defende que os estudos filosóficos têm, ao longo do tempo, ignorado sistematicamente a questão da técnica dos meios ao não conceber, por exemplo, a própria escrita como um meio técnico. Ele também argumenta que "(…) *today the connections of mathematics and media, and of media and ontology are to be formulated in more precise terms*" (Kittler, 2009, p. 23). Assim, iniciamos neste artigo nossa primeira abordagem neste sentido.

A relação entre forma (número) e conteúdo (tudo o que pode ser representado por ele no espaço numérico) é que pode ser apreendida a partir do estudo dos diagramas, forma de raciocinar que articula as relações entre sistemas de signos de modo a irmos além da causa-efeito na apreensão da semiose dos fenômenos de comunicação digitais. Foi a partir da observação empírica das dinâmicas de funcionamento de formatos digitais como os de geolocalização e georeferenciamento de informação, como o Google Maps, o aplicativo para smartphones Foursquare e redes sociais como Facebook e Twitter que chegamos à concepção do espaço numérico. A possibilidade de basear o fluxo de informação no cruzamento entre uma camada física e numérica nos leva a entender que a sociedade está compartilhando e construindo um espaço que se sobrepõe ao físico, o qual queremos entender em sua ontologia, ou seja, apreender a dinâmica dos sistemas de signos em semiose, o fenômeno comunicativo, através do desenho de diagramas interativos.

Não usamos os termos "espaço digital" ou "ciberespaço" porque nossa via de construção deste conceito partiu da reflexão de Machado (2011, p. 4) sobre o *Sensus communis* de Marshall McLuhan, que diz respeito a entendermos "(…) meio de comunicação como espaço sensorial de comunhão e, portanto, como ambiente de interação". Essa concepção se dá considerando que foi a eletricidade, com sua capacidade pervasiva, de penetração no espaço e na cultura humana, que possibilitou o "espaço acústico ressonante" (*sensus communis*), "(…) senso de comunhão e interação de um estado cultural de oralidade e percepção auditivo-intuitiva." Se aí já se percebe a existência de um espaço "ambiental ressonante", "(…) apreendido pela conjugação de diferentes sentidos, o *sensus communis* – o sentido de todos os sentidos", que pode ser definido "(…) pelo envolvimento, pela invisibilidade e pela simultaneidade" (Machado, 2011b, p. 230-231), o que percebemos hoje é a nossa total imersão neste espaço, construído e possibilitado pelos meios de comunicação.

Em "Número: o Perfil da Multidão", McLuhan (2012, p. 126-139) tece várias considerações acerca do número que nos convém citar no desenvolvimento dos nossos argumentos, o que faremos a seguir. Antes, porém, há que se distinguir entre número, ideia de quantidade, e numeral, a representação convencional do número. Kittler (2006) trata desta distinção ao observar e recuperar a abordagem histórica. Em algumas culturas antigas, como os hebreus, o número era representado como palavra. Somente em culturas em que o número existia como número e não como número e numeral ao mesmo tempo é que a matemática se desenvolveu como mídia, se valendo de significante e significado. Foi a emergência da matemática como possibilidade de armazenamento e transmissão de informação (Kittler 2006).

Para McLuhan, o número é a extensão do tato, que, como sentido, tem uma função integradora. A era mecânica, diz ele, nos forçou à desintegração:

> Pode dar-se muito bem que em nossa vida consciente interior a interação de nossos sentidos constitua o sentido do tato. Ou o *tato* não seria apenas o contato epidérmico com as *coisas*, mas a própria vida das coisas *na mente*? (McLuhan, 2012, p.128)[1].

---

1   Grifo do autor.

Seguindo esta colocação, o número é "(…) uma extensão do corpo físico do homem, uma extensão do nosso sentido do tato" (McLuhan, 2012, p.130). Um espaço fundado na constituição numérica pode ter como característica, então, um sentido aparentemente integrador, de sistema nervoso central, para usar mais uma vez um termo presente no texto de McLuhan. Ressaltamos a palavra "aparente" pois discutimos, mais adiante, a questão de território que se impõe na noção de espaço como campo de relações.

Nos computadores, dispositivos a partir dos quais o espaço numérico é projetado, o byte (*binary term*) é a unidade básica de tratamento de informação. Um byte é composto de oito bits e pode representar numerais ou caracteres (figura 1). É o byte que responde ao comando do sistema na recuperação da memória, pois ficam armazenados como "(…) um conjunto de endereços (casas com numeração própria e particular)", na metáfora de Veloso (2004, p. 16).

ASCII Alphabet			
A	1000001	N	1001110
B	1000010	O	1001111
C	1000011	P	1010000
D	1000100	Q	1010001
E	1000101	R	1010010
F	1000110	S	1010011
G	1000111	T	1010100
H	1001000	U	1010101
I	1001001	V	1010110
J	1001010	W	1010111
K	1001011	X	1011000
L	1001100	Y	1011001
M	1001101	Z	1011010

Figura 1: Tabela ASCII (American Standard Code for Information Exchange) para alfabeto.

"O matemático Leibniz chegou mesmo a ver uma imagem da Criação na mística elegância do sistema binário do *zero* e *um*. A unidade do Ser Supremo operando no vácuo mediante uma função binária bastaria para extrair do caos todas as coisas"[2], diz McLuhan (2012, p. 135). Mais uma vez na história da cultura a dualidade fundante da criação; na tecnologia do computador, o código binário tem a função de conjugar "ser e pensamento", na concepção de Kittler (2006, p. 58-59): "*Evidently numbers had to leave humans behind and become part of machines that run on their own in order for technology to appear as a frame that conjoins being and thought.*"

O espaço numérico é a camada unificadora de fluxo de dados, informação e comunicação gerada a partir de computadores e a interconexão entre eles (a rede), de-

---

2   Grifo do autor.

finida por Lévy (2000) como ciberespaço. Entendemos que o espaço numérico só é possível de ser concebido como hipótese pois sua energia motriz é a eletricidade, que torna possível a criação de um espaço programável, devido à sua qualidade numérica, como colocamos anteriormente. O digital é uma interface para o espaço numérico e etimologicamente está ligado a dígito, ao acesso da informação numa tela pelo alcance dos dedos. Caminha-se, no entanto, para o acesso da informação com o corpo, a voz, o olhar, como é o caso de dispositivos como o Kinect, game da Microsoft cujo controle é feito com movimentos corporais. Outra tendência são os diversos projetos de óculos que simulam uma realidade espacial diferente da que compartilhamos, como o *Oculus Rift* ou o *Tilt Brush*, da Google.

Estamos envolvidos e imersos no ambiente que ressoa dos diversos meios de comunicação, em espaços invisíveis e simultâneos, nos quais aprendemos a nos mover, já que este é nosso *habitat* cultural. A questão que se coloca contemporaneamente é a possibilidade de manipulação e relações que se dão neste espaço, no sentido da delimitação de territórios programáveis e localizáveis no tempo e espaço. A fotografia ou o texto escrito que informa sobre um museu, que antes poderia ser acessado em um folheto ou através de um fone de ouvido, agora pode ser projetado no espaço físico a partir da realidade aumentada, visível por câmeras de celulares, que começam a operar a conexão do espaço físico com a camada numérica como dispositivo de processamento de integração a partir do qual realiza-se operações de relações entre diversos formatos de informação.

Discussões sobre a privacidade quando do lançamento do Google Glass[3] evidenciaram que a característica numérica do ciberespaço faz com que sua projeção sobre a camada física seja inevitável e entendida socialmente como uma invasão de espaço. Quando o ser humano tem, mesmo que intuitivamente, a noção de que ocupa um espaço, passa a se tornar crucial a noção de defesa do seu território (Hall, 1981). Notamos, mais uma vez, esta evidência nas denúncias de que o que se faz e se comunica nos espaços de fluxo da informação está sendo vigiado e investigado ao menos por um órgão oficial nos Estados Unidos, país que é sede da maior parte da estrutura física da internet. A Agência de Segurança Nacional (NSA, na sigla em inglês) foi posta em evidência em junho de 2013 por um ex-funcionário, Edward Snowden. Daí a reflexão de Assange (2013), que leva esta questão para o campo da geopolítica mundial e da vigilância de dados:

---

3   Privacidade em Google Glass é questionada nos EUA. Disponível em: <http://info.abril.com.br/noticias/tecnologia-pessoal/privacidade-em-google-glass-e-questionada-17052013-39.shl>. Acesso em: 6 jun. 2013.

> Todo mundo sabe que o petróleo orienta a geopolítica global. O fluxo de petróleo decide o que é dominante, quem é invadido e quem é excluído da comunidade global. O controle físico até mesmo de um segmento de oleoduto resulta em grande poder geopolítico. (…) A mesma coisa acontece com os cabos de fibra óptica. A próxima grande alavanca no jogo geopolítico serão os dados resultantes da vigilância: a vida privada de milhões de inocentes (Assange, 2013, p. 20).

No espaço numérico as posições geográficas são um dos vértices do diagrama pelo qual podemos apreender sua semiose. Machado, mais uma vez, chama a atenção para este ponto:

> Por que o espaço virtual, projetado no contexto de uma comunicação de conexão planetária, parece prescindir das dinâmicas geopolíticas? É possível avançar no entendimento do espaço de fronteira sem aprofundar o entendimento da construção cultural das bordas e limites? (…) A disputa pelo espaço nunca esteve desvinculada da sua ontologia, daí a urgência de aproximação com a geopolítica (Machado, 2012, p. 3).

Se a disputa de espaço está ligada a uma percepção clara da sua ontologia, justificamos aqui mais uma vez nossa opção terminológica pelo "espaço numérico": este espaço tem como delimitação o número e sua expansão numeral. Tomando o espaço numérico na concepção de texto da cultura (Lotman), temos a possibilidade da delimitação do texto, cuja noção está ligada à hierarquia do texto. "Convém notar que o caráter estrutural e a delimitação de um texto estão ligados", diz Lotman (1978, p. 106), ou seja, ao mesmo tempo em que é próprio do texto uma organização estrutural, esta mesma organização tem também a função de delimitá-lo. Manovich (2006) identificou os cinco princípios através dos quais podemos localizar os mecanismos reguladores da possibilidade de emissão de conteúdo no espaço numérico: a representação numérica, a modularidade, a automatização, a variabilidade e a transcodificação. São a representação numérica e a modularidade que tornam possíveis os outros três.

O número, como vimos, quando convertido em caracteres a partir do byte, torna-se código, codificando o espaço numérico. Por isso não nos soa alarmante a afirmação de Assange (2013, p. 28) de que "A criptografia é a derradeira forma de ação direta não violenta". O uso de ferramentas de criptografia abertas, de código não fechado, faz com que o espaço numérico possa ser democrático e não controlado somente por aquele que detém sua chave de decodificação. Esta é a delimitação de espaço e territórios na concepção do espaço numérico que estamos expondo. Com a proliferação de algoritmos de programas executáveis sobre a realidade física, torna-se possível recriarmos o núcleo da criação de

Irene Machado 58 mundos e de operações cognitivas. A camada das possibilidades de simulação de um mundo programável que até então existia apenas como laboratório dentro de computadores e dispositivos diversos é possível de ser projetada no espaço físico. Aplicativos que derivam de formatos digitais de comunicação e informação passam a atuar no cruzamento entre os espaços físicos e numéricos. Estes cruzamentos são as semioses entre os diversos sistemas de signos cuja dinâmica pode ser parcialmente apreendida com a ferramenta teórica do diagrama (Machado, 2011, 2012; Peirce, 2008; Stjernfelt, 2012).

Espaço numérico: espaço de design construído a partir de formatos projetados em grades (*grids*)

Conceber o design como ato de projetar é crucial para concebermos e visualizarmos a criação do espaço numérico como um espaço de interação social, já que o design tem a capacidade de atribuir modelos para as diversas ordens de códigos envolvidos no processamento computacional de síntese. Desta maneira, nos apoiamos nos conceitos do design para mapearmos a dinâmica da semiose no espaço numérico. Assim, a concepção do espaço numérico está diretamente relacionada com a construção de *grids*, ou grades. Tal concepção está ligada à nossa formulação de modelização dos formatos pelo design informático. O uso do grid, no design de publicações impressas, serve como estrutura de modelização para os elementos tipográficos, textuais e visuais, atuando como base da distribuição destes num determinado intervalo de espaço, como na figura 2.

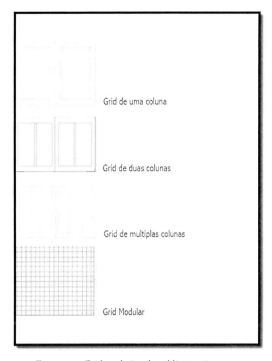

Figura 2 - Grid no design de publicações impressas

Nos meios digitais as grids também são um princípio modelizador para qualquer site:

Figura 3 – Grid de publicação digital

Neste caso, podemos dizer que o meio impresso serve de modelização para os sites que, por sua vez, são veiculados no espaço numérico. A modelização dos sites pelas grades de diagramação provenientes do impresso são apenas uma camada, uma face de organização de um determinado texto digital. Como exemplo vamos citar o texto digital "redes sociais": o formato do texto, modelizado pelo design digital, baseado no impresso, permitirá determinadas formas de interação entre os usuários daquele formato. Isso é facilmente percebido quando comparamos Facebook, Twitter, Tumblr e Pinterest,[4] este último formato de rede social baseado no compartilhamento de imagens, e não de textos. No entanto, adiciona-se a estas combinações de interação outra camada de informação: a geolocalização, também presente nestas redes quando o que é publicado por um usuário aparece como "próximo a Saúde, em São Paulo, SP". Outras redes, como o Foursquare, permitem fazer "check-in" em qualquer lugar, localizando-o na rede, por sua vez, conforme a grade dos mapas que usamos para nos locomovermos em cidades ou estradas, segundo as variáveis de longitude e latitude. A posição física do usuário, o formato da rede social e suas possibilidades de interação resultam em um processo de relação o qual chamamos de diagramático.

Desenha-se então uma outra camada de "grade", na qual projeta-se no espaço numérico informações relacionadas à interação entre pessoas e a camada física, através de um determinado formato. Adiciona-se a possibilidade da mobilidade, cujos dispositivos atuais são os celulares "smartphones", e constrói-se redes com aplicativos como Grindr e Tinder, que mostram as pessoas conectadas mais próximas umas das outras, no intuito de promoverem relacionamentos, no caso, respectivamente, entre homossexuais masculinos (Grindr) e heterossexuais (Tinder). Outros aplicativos, como um de trânsito, chamado *Waze*, organiza dados computados por seus usuários sobre as rotas de trânsito na cidade, de forma a construir uma inteligência coletiva sobre alternativas de caminhos. Gratuito, o preço, aparentemente, é deixar que alguém (quem?) saiba onde, quando e como você está e de que forma está se locomovendo pela cidade.

Com esta breve caracterização, vislumbramos a possibilidade da projeção destas várias "grades", modelizadas de diferentes maneiras, em um espaço numérico que está sendo construído conforme o design destes mesmos formatos. Propomos a compreensão desse fenômeno comunicativo através da ferramenta teórica do estudo do diagrama que, no limite, pode ser entendido como o funcionamento da mente e os modos do raciocínio. Cada meio de comunicação (no nosso caso, o espaço numérico pode ser usado como meio) atualiza e desenvolve outros diagramas. Com isso, a percepção humana do espaço se re-

---

[4] Disponível em: <http://facebook.com>; <http://twitter.com>; <http://tumblr.com>; <http://pinterest.com>.

configura e novas camadas de espaço podem ser criadas. Reforçamos mais uma vez que por enquanto este espaço parece invisível, mas dentro em pouco ele poderá ser visualizado pela Realidade Aumentada, por exemplo, que torna possível a projeção dos conteúdos ordenados em um formato, até então contidos pelo digital no espaço numérico, na camada externa a eles, aos objetos físicos e pessoas que os circundam no espaço-tempo. A grande metáfora para estes dispositivos é o "vidro", a transparência: todos poderão ver tudo, não há mais limites entre interação com a informação e ambiente. Todos se vendo em conexão emitindo informações pessoais a todo momento. Somente esquece-se de pontuar que este ambiente está sendo desenhado segundo a formatação destas grades, principalmente as que servem de estrutura para as redes sociais baseadas em geolocalização. Ou melhor, os limites são programados.

Há em curso, também, tecnologias para o controle do espaço numérico baseados em grades: o *Geofence*, que funciona com base no GPS (Global Positioning System). Lembramos que todo smartphone possui um GPS e que frequentemente os usuários não sabem como desabilitá-lo e que o controle do mesmo é baseado em satélites que, por sua vez, ampliam mais uma vez a noção de espaço e trazem a questão do controle geopolítico da informação. É, literalmente, a criação de "cercas" neste espaço numérico. Assim, quando seu carro com GPS protegido por tecnologia *Geofence* é roubado, pode-se alertar a central e localizá-lo rapidamente. Parece muito útil, até que percebermos que empresas como a Apple patenteou, em maio de 2012, uma tecnologia de criação de cercas em determinados espaços que podem desabilitar algumas funções dos smartphones. Assim, em um show protegido por copyright ou dentro de um cinema, serão desabilitadas funções de câmera fotográfica e de vídeo. Esta mesma cerca pode ser erguida em um espaço público, como uma praça onde há um protesto ou mobilização de pessoas, por exemplo. O formato, resultado do processo e ou possibilidade de processamento dos textos digitais no espaço numérico, que, por sua vez, pode ser entendido como o diagrama de interação entre os textos digitais, atuam como delimitação de espaço quando projetados na grid de design do espaço numérico.

Tomamos como exemplo os formatos baseados em redes sociais, crowdsourcing, wikis, geolocalização, mídias locativas: podemos propor um diagrama para entender sua ontologia, baseando-nos nos sistemas que o modelizam, ou seja, sistemas de signos que servem de estrutura para estes formatos: as relações sociais de diversos tipos, commons, diários, relatos de viagem, sistemas do texto escrito, gêneros literários, modelos de comunicação comunitária/entre comunidades, geografia, mapas, interfaces de representação do espaço, ubiquidade. Este é um caminho, um processo diagramático de concepção da semiose do formato como síntese de escrita (de forma ampla) no espaço numérico.

A partir dessa proposição situamos os formatos numa visão de *continuum* semiótico, essencial para a compreensão do conceito de diagrama. Castells (1999) caracteriza a sociedade em rede como um espaço social de "fluxos", integrado de modo complexo a um espaço social de "posições". Os formatos são apreensões dos fluxos comunicacionais e ocupam determinadas posições na grade do espaço numérico.

Diagramas de redes e modelização do espaço numérico

Nas origens da concepção da internet está o design de diagramas (figura 4) de redes do engenheiro Paul Baran, trabalho que desenvolveu para a empresa RAND Corporation (Research And Development) a partir de 1959. A RAND publicou seu estudo com o título *On Distributed Communications*,[5] em 1964. O desenho da rede distribuída serve ao propósito de modelo para a comutação de pacotes digitais de informação sem perda de dados, em caso de bombardeio de um ou mais pontos de emissão, já que contexto político na época era a iminência de um ataque nuclear; era a época da Guerra Fria entre Estados Unidos e a então União Soviética.

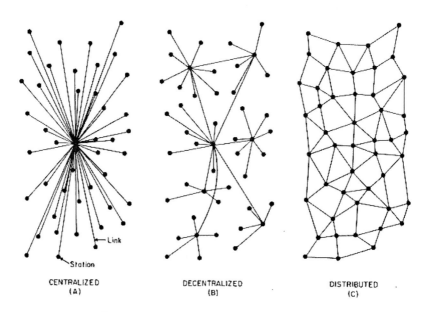

Figura 4 – Redes centralizadas, descentralizadas e distribuídas, de Paul Baran

---

5   Disponível em < http://web.archive.org/web/20101228070851/http://www.rand.org/about/history/baran-list.html>. Acesso em: 17 jun. 2013.

A estrutura física de computadores da internet hoje é baseada no diagrama de rede distribuída. Na rede centralizada, basta atacar um ponto de emissão e destrói-se a rede; na rede descentralizada, ataca-se o ponto principal, que corta a comunicação com os demais pontos, que ficam, por sua vez, sem conexão entre si. Na rede distribuída, pode-se acabar com qualquer ponto que a distribuição de informação na rede não será comprometida. Temos aqui sistemas de modelização da cultura: a rede distribuída pode ser entendida como o controle absoluto do emissor com o receptor e responde ao modelo político do império e das ditaduras; a rede distribuída mantém seu nodo central mas delega a outros pontos centrais alguma representação, como no caso da emissão broadcast e da representação política democrática baseada em um consenso. A rede distribuída acaba com a possibilidade de identificação de um nodo central, de uma liderança apenas e coloca por terra a lógica emissor-receptor das redes anteriores. Mas como opera a modelização desta rede distribuída na comunicação e na política?

Para responder à esta pergunta, tomamos como exemplo as manifestações de junho de 2013 em São Paulo. O Movimento Passe Livre (MPL), que iniciou as passeatas, não era identificado nas ruas. Não se sabia quem era o líder – havia vários. "Hierarquia horizontal de liderança", respondeu o MPL. Em determinado momento, a partir do dia 17, quando mais de cem mil pessoas foram para as ruas da cidade (número não oficial), as reivindicações já eram múltiplas e representavam vários setores da sociedade. Foi uma experiência distribuída, mas não conseguimos entender como isso aconteceu. Aconteceu porque, apesar das tentativas de sobreposição destes modelos de rede, que aqui podemos visualizar como a sobreposição da rede B na rede C com a delimitação de territórios no espaço numérico, ainda estamos nos comunicando de maneira distribuída. As manifestações que ocorreram em São Paulo foram, do ponto de vista semiótico, uma atualização do diagrama de comunicação da rede. C. Shirky (2012, p. 44-50) traduz este diagrama como 1) compartilhamento de informação (feito através do formato de rede social Facebook, Twitter, entre outros) 2) produção de conteúdo colaborativo (onde e como as pessoas vão se encontrar, também realizado através dos formatos digitais) e 3) ação efetiva (as passeatas). Para entendermos a concepção da comunicação na rede distribuída, precisamos articular e conceber diagramas de relações entre sistemas de signos.

Neste caso também podemos entender o formato como diagrama. Um estudo da agência Interagentes (Rovai 2013), que mapeia conversações no Facebook, gerou grafos (figuras 5, 6 e 7). "Por grafo entendo (…) um diagrama composto principalmente por pontos e linhas que ligam alguns dos pontos" (Peirce, 2008, p. 176). O grafo é a representação de um diagrama, neste caso, os das conversações e relações entre emissores na rede no formato Facebook:

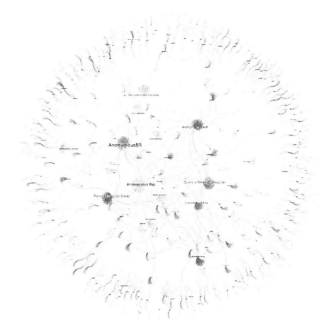

Figura 5 – 13/6/2013

Figura 6 – 17/6/2013

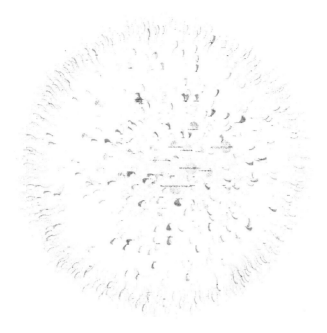

FIGURA 7 – 18/6/2013

Rovai (2013, sem p.) coloca que

> Os grafos representam dados das redes entre as 16h e 0h de três diferentes dias. Os dias são a quinta-feira (13), marcada pelos confrontos entre manifestantes e policiais, a segunda-feira (17), dia da grande manifestação dos 100 mil, e a terça-feira (18), em que diversas outras manifestações tiveram lugar, inclusive a que culminou em depredação da Prefeitura de São Paulo.

A análise dos grafos sugere que ao longo desses dias houve um expressivo aumento da quantidade de emissores envolvidos, bem como do número total de pessoas.

As lideranças são distribuídas, como nos mostram os grafos, assim como a rede que os modeliza. A relação entre os grafos, no formato, e as passeatas, é diagramática e demonstra relações entre as camadas física e numérica, argumentos que defendemos e que pretendemos evidenciar neste tópico.

Jornalismo: para além do formato

Assim, para nós é clara a necessidade de irmos adiante na reflexão sobre o jornalismo, introduzindo no campo a noção do pensamento diagramático, que permite pensar a produção jornalística não mais como produto, mas como fluxo; na necessidade não mais em emitir, mas em estar em relação a. Como colocam Anderson, Bell & Shirky (2013, p. 39): "*The story format becomes less like a unit and more like a stream of activity.*"[6] Algumas empresas de comunicação entendem na prática a necessidade de repensar a lógica do seu negócio, como o jornal impresso canadense Winnipeg Free Press, que, para aumentar sua circulação e penetração na comunidade, criou um café no qual jornalistas e público se encontram para debater temas de destaque, "um hub local de relacionamento e discussão de temas jornalísticos" (Ribeiro, 2013, p. 80), tomando para si a tarefa de promover a continuidade da circulação e fruição da semiose advinda das páginas de papel. Não é uma solução que serve para todos, pois a situação de cada empresa ou empreendimento jornalístico é singular e atua no dinamismo da cultura. O inglês *The Guardian* investiu na mesma linha e lançou o #GuardianCoffee, próximo à sede do jornal, em Londres. É uma forma de aproximar "*people formerly known as the audience*" (Ingram, 2013), pessoas antigamente conhecidas como audiência. Como parte do planejamento, a editoria de mídias sociais deve-se se mudar para cumprir parte do seu expediente no café, de forma a interagir com o público não só no espaço numérico. Aqui, trata-se de entendermos estes exemplos na concepção diagramática. O formato precisa entrar no fluxo da comunicação que já acontece entre a camada física e numérica, mas nestes casos citados a escolha foi relacionar o formato ao espaço físico, atualizando o diagrama da semiose que tem como outros vértices os formatos papel, site e redes sociais.

Não basta pensar somente no formato, lógica da sociedade industrial, mas para além dele, em como os diversos formatos podem se relacionar, dando a revelar o desenho de diagramas no fluxo entre o espaço numérico e o espaço físico. No entanto, a questão que se coloca, tendo em vista o espaço numérico, é como vamos aprender a escrever com números.

---

6   Tradução livre da autora: "O formato da história torna-se menos como uma unidade e mais como um fluxo de atividade."

Referências Bibliográficas

ANDERSON, C.W.; BELL, Emily; SHIRKY, Clay. Post Industrial Journalism. Adapting to the Present. Columbia Journalism School, Tow Center for Digital Journalism: 2012. Disponível em: < http://towcenter.org/wp-content/uploads/2012/11/TOWCenter-Post_Industrial_Journalism.pdf>. Acesso em: 03/03/2013.

ASSANGE, Julian. *Cypherpunks. Liberdade e o futuro da internet*. São Paulo: Boitempo Editorial, 2013.

CASTELLS, Manuel. *A sociedade em rede. A Era da Informação: Economia, Sociedade e Cultura*. São Paulo: Paz e Terra, 1999.

GREENWALD, Gleen; KAZ, Roberto; CASAD, José. *EUA espionaram milhões de e-mails e ligações de brasileiros*. O Globo. Disponível em: < http://oglobo.globo.com/mundo/eua-espionaram-milhoes-de-mails-ligacoes-de-brasileiros-8940934>. Acesso em: 6 jul. 2013.

HALL, Edward T. *A Dimensão Oculta*. Rio de Janeiro: Francisco Alves, 1981.

INGRAM, Mathew. *The Guardian has shown us the future of journalism, and it is — coffee shops!* Disponível em: <http://paidcontent.org/2013/05/30/the-guardian-has-shown-us-the-future-of-journalism-and-it-is-coffee-shops/>. Acesso em: 4 jun. 2013.

KITTLER, Friedrich. *Number and Numeral. Theory Culture Society*, 2006, p. 51-61. Disponível em: <http://tcs.sagepub.com/cgi/content/abstract/23/7-8/51>. Acesso em: 03/07/2013.

_____. "Towards an Ontology of Media". *Theory Culture Society*, 2009, p. 23-31. Disponível em http://tcs.sagepub.com/content/26/2-3/23. Acesso em:

LÉVY, Pierre. *Cibercultura*. São Paulo: Editora 34, 2000.

LOTMAN, Iuri. *A estrutura do texto artístico*. Lisboa: Estampa, 1978.

_____. *La semiosfera I. Semiótica de la cultura y del texto*. Madrid: Cátedra, 1996.

_____. *La semiosfera II. Semiótica de la cultura y del texto*. Madrid: Cátedra, 1996.

MACHADO, Irene. *Escola de Semiótica. A Experiência de Tártu-Moscou para o Estudo da Cultura*. São Paulo: Ateliê Editorial/Fapesp, 2003

_____. *Diagrama como problema semiótico no estudo da comunicação.* Inédito, versão para o Grupo de Pesquisa Semiótica da Comunicação, Escola de Comunicações e Artes, Universidade de São Paulo, mar. 2013.

_____. *Geopolítica dos espaços de informação: percepção, ambiente, ontologia.* Trabalho apresentado ao Grupo de Trabalho (Comunicação e Cultura) do XXI Encontro da Compós, na Universidade Federal de Juiz de Fora, Juiz de Fora, 12 a 15 de junho, 2012.

_____. "Sensus communis: para entender o espaço acústico em seu ambiente sensorial ressonante". E-Compós. *Revista da Associação Nacional dos Programas de Pós-Graduação em Comunicação.* Brasília, v. 14, n. 3, set/dez, 2011.

_____. "Ressonâncias do envolvimento e participação com os meios". Significação. *Revista de Cultura Audiovisual*, n. 36, 2011b.

_____. *Semiótica da Cultura e Semiosfera.* São Paulo: Annablume / Fapesp, 2007.

MACHADO, Irene; ROMANINI, Vinicius. *Semiótica da comunicação: da semiose da natureza à cultura.* FAMECOS, PUCRS, v. 17, v. 2, p. 89-87.

MANOVICH, Lev. *El lenguaje de los nuevos medios de comunicación: La imagen en la era digital.* Buenos Aires: Paidós Comunicación, 2006.

MCLUHAN, Marshall. *Os meios de comunicação como extensões do homem.* São Paulo: Cultrix, 2012.

PEIRCE, C.S. *Semiótica.* São Paulo: Perspectiva, 2008.

RAMOS, Daniela Osvald. *Formato: condição para a escrita do jornalismo digital de bases de dados. Uma contribuição da Semiótica da Cultura.* Tese (Doutorado)-Universidade de São Paulo, Escola de Comunicações e Artes, mar. 2011.

RIBEIRO, Igor. "Receitas para reciclar o papel". *Meio & Mensagem*, 15 abr. 2013. São Paulo, n. 1574.

ROVAI, Renato. *O Movimento Passe Livre e a política na Era Informacional.* Disponível em: <http://revistaforum.com.br/blogdorovai/2013/06/19/o-movimento-passe-livre-e-a-politica-na-era-informacional/>. Acesso em: 19 jun. 2013.

SAMARA, Timothy. *Grid: Construção e Desconstrução.* São Paulo: Cosacnaify, 2011.

SHIRKY, Clay. *Lá vem todo mundo: O poder de organizar sem organizações.* Rio de Janeiro: Zahar, 2012.

STJERNFELT, Frederik. *Diagrams as Centerpiece os a Peircean Epistemology*. Indiana University Press. Disponível em: <http://www.jstor.org/discover/10.2307/40 320800?uid=40529&uid=3737664&uid=40528&uid=5909624&uid=2&uid =3&uid=67&uid=5910200&uid=62&sid=21102049365053>. Acesso em: 9 nov. 2012.

VELOSO, Fernando de Castro. *Informática: conceitos básicos*. Rio de Janeiro: Campus, 2004.

VOLLI, Ugo. *Manual de Semiótica*. São Paulo: Loyola, 2007.

Capítulo 3

Modelizações de hiperlinks no diagrama do jornal impresso – Douglas Vinícius Galan

Repousa em um mero clique sobre palavras sublinhadas todo um mecanismo de atualização da cultura atual. Forjado no meio digital e nas origens da criação da rede mundial de computadores, o *hiperlink* passa por uma realização mais plena, com seu estabelecimento em outros papéis nas relações contemporâneas. Mais que uma "ferramenta invisível" de acesso e articulação no uso da Internet, esse fragmento da linguagem digital demonstra-se como uma ocorrência cultural que atravessa seu lugar de origem e se estabelece como parte de uma lógica, um pensamento, na vaga de sentidos que articula as linguagens e, portanto, a Comunicação.

Ao mesmo passo que surge e se coloca como um ícone que demonstra o engendramento e a processualidade da rede de computadores, o *link* adquire uma outra dimensão no plano da cultura, causando embates e transformações em linguagens diversas, especialmente, aquelas já estabelecidas e demonstradas. Por esse viés, é necessário compreender a Internet mais do que como um sistema de códigos articulados por um dado. *Link*, portanto, não realiza apenas o gesto de juntar, de conectar páginas da web. Não estamos aqui entendendo as capacidades de *links* apenas em sua "materialidade", em seu propósito convencional, mas como um todo, na amplitude de seu mecanismo lógico, e, portanto, em sua noção diagramática: como um comportamento geral do raciocínio nas atividades contemporâneas engloba a dinâmica dos *links*?

Se pudermos enxergar o *hiperlink* para além de seu lugar de origem, de seu aparato físico e duro, conseguimos, assim, compreender o recobrimento de sentidos que envolve esse código em esferas culturais distintas, o que implica entender o *hiperlink* semioticamente. Assim, essa investigação proposta nasce de uma visão semiótica sobre os *links*, sem a qual, o problema aqui colocado não teria propósito algum. Aquilo que estamos discutindo e colocando como objeto de pesquisa não é da ordem do suporte – o *link* a que iremos nos ater não está apenas nas páginas da Internet (não está sequer no computador, somente). Esse *link* está no signo (é signo!), está na dinâmica de linguagens pertencente ao repositório de vocabulário codificado semanticamente, está na própria cultura. Daí pensarmos e termos como objeto de pesquisa as linguagens "para além dos *links*" [1], ou seja, na superação de sua especificidade, em uma outra margem de sua interpretação.

Como esses códigos em torno da noção de *link* cumpre uma condição gráfica de gestor de uma outra linguagem, de organização sistêmica dos sistemas? Está aí nossa equação, nosso problema de base. Se a noção de *hiperlink* se desenvolve como código e se superpõe em várias linguagens, poderíamos falar da acepção de *link* na televisão, na propaganda, nas artes e em outros sistemas. Mas pela emergência de adaptação a um novo cenário informativo, o jornal impresso parece ser o meio de maior penetração desse caráter dinâmico de *link*. Tal abdução nos conduziu, em dissertação de Mestrado desenvolvida, a um *corpus* composto por jornais brasileiros, nos quais buscamos detectar se esse juízo percepto se mostra evidente ou não.

Reside aí, nesse embate e nessa busca, um sinal do caráter transformador da Internet sobre os meios. É preciso, no entanto, sublinhar que a investigação científica (aberta para hipóteses e resultados) nos afasta da noção muito difundida, mas pouco fundamentada, da tomada da Internet como um meio "revolucionário", o que tanto tem gerado ufanismos ideológicos e determinismos tecnológicos. Não estamos aqui nos ancorando na vulgarização deslumbrada sobre o meio digital, que lhe conferiu uma posição privilegiada de um *status quo*. Se existe de fato uma atualização dos sistemas de linguagens e de signos a partir da Internet, é preciso, antes que se declare, constatar tal alteração – ou seja, cabe duvidar: como aquilo que já conhecemos tem se tornado algo novo? Para que se pense em um novo arranjo de sentidos para as linguagens que conhecemos, é necessário que se constate e se demonstre tal processo. Assim, o que se propõe aqui como comprovação dessa "realidade" é um entendimento de transformações das linguagens no jornal impresso, portanto, uma modelização, nos temos das concepções semióticas formuladas pela chamada escola de Tártu-Moscou. O conceito de modelização, forjado no campo da informática e introduzido à teoria semiótica da cultura, ampara as buscas por expressões de reconfi-

---

[1] Noção desenvolvida na dissertação de Mestrado "Para além dos *links*: diálogos entre o meio digital e o impresso".

gurações sígnicas em sistemas semióticos como, por exemplo, os jornais impressos. Não estamos no encalço de reproduções ou moldes, como o conceito teórico poderia nos levar a pensar, num primeiro momento. De modo divergente, pelo viés das estruturas modelizantes da cultura, nos importamos com o entendimento das alterações em estruturas e arranjos de linguagens.

Ao aceitar a transposição de seu lugar de origem, entendemos que o *link* constitui-se como pensamento diagramático, operando como uma ferramenta lógica de reprodução de comunicação. Assim, enfrentamos aqui o juízo de se falar sobre uma maneira de raciocinar, sobre um diagrama de pensamento, que perpassa por uma "mente" de cultura, sendo esse nosso maior desafio teórico, nossa hipótese mais arriscada. É enquanto uma lógica que a noção de modelização a partir da expressão de um *hiperlink* quer, antes de tudo, ser inserida nesta reflexão. A posição dessa lógica no espaço de uma mente cultural é o que aqui temos como maior problema de investigação. Afinal, posicionar um diagrama conceitualmente é, sobretudo, um experimento de verificação de raciocínio, o que de fato não saberíamos determinar conclusivamente, dada as capacidades do pensamento diagramático não estarem encerradas de modo determinado. Diagrama, no entendimento desta pesquisa, não poderia ser colocado como um gráfico fechado, como um modelo; isso seria tão somente possibilidades e exemplos, validados a partir da compreensão de uma inteligência.

Tal rigor teórico também nos conduz a ampliar a posição do papel de um *hiperlink* nos espaços de mente da cultura. Se o conceito de mente, tal como postulado pelos estudos da Semiótica da cultura, nos leva à condição e exigência de se gerar textos ou construir sentido, poderíamos afirmar que de fato existe uma influência do *hiperlink* em um plano geral de raciocínio que cria informação nova? Essa resistência diante das teorias que adotamos é um avanço na busca de entendimento sobre o raciocínio composto por *links*. Assim, é a partir dos preceitos de uma mente cultural que se extrai um questionamento vital para se entender o *link* como parte de um pensamento sistêmico: há uma disseminação e geração de sentido designada como informação nova no contexto do jornalismo impresso? Estaria o jornal, por meio de sua expressão contemporânea, transformado em seu sistema e em suas linguagens?

O primeiro passo em direção a essa resposta pode estar na observação da própria trajetória dos diários: cabe lembrar que o sistema do periódico impresso já deu mostras de ser flexível às mudanças dos códigos e linguagens que surgem na cultura. Ou seja, o jornal diário não é e nunca foi refratário às transformações culturais. Essa constatação evidencia que esse meio está sempre em confronto, no embate de sentidos e em transformação. Tanto é assim, que podemos admitir que a mudança editorial de um jornal faz parte de sua própria natureza, é recurso para sua sobrevida. É nesse aspecto que podemos, portanto, falar do surgimento de uma nova lógica, e aceitar que a formação de um diagrama de pensamento em conjuntura com a noção de *hiperlink* possa interferir na estrutura e funcionamento do meio impresso.

Mente da cultura e diagrama de pensamento: tensionamentos e aproximações

Para o pensador russo Iúri Lótman, a função do signo é organizar o sistema cultural de relações. Na cultura, o surgimento ou a renovação de sentidos não se processa de maneira aleatória, mas no encadeamento dos interpretantes a partir dos referentes em circulação. É na densidade dos sistemas de signos que surgem novos textos culturais, que se processam outras significações. Os signos da Comunicação não fogem a essa máxima teórica – partem da transição de sentidos em atuação e se propagam em novos elementos discursivos, num movimento contínuo. Tais evidências teóricas reforçam nossa hipótese: existiria um diagrama responsável por operar tais transformações na Comunicação? Como esse "mapa" de pensamento insere-se sob as linguagens e as moldam, fazendo surgir novos fenômenos?

Antes de referendar novas modas tecnicistas, buscamos nos antepor às explorações, partindo do conceito de que os fenômenos não acontecem num vácuo, mas são resultados de heranças e movimentos. Nenhuma mídia se superpõe a outra como soberana, mas se apresenta como um repositório de um contexto cultural que provoca uma reorganização dos signos de cultura. O próprio surgimento do digital e, mais precisamente, do *link*, que aqui buscamos retirar de seu fulcro original, demonstra esse deslocamento do signo da Comunicação no cenário cultural. Nesse sentido é que pretendemos pensar a existência do *link* como resultado da ação de uma "mente", traçando, evidentemente, uma relação com o conceito definido no contexto da Semiótica da cultura, mais precisamente, do legado teórico de Lótman.

Para o pensador soviético, a cultura detém uma capacidade geradora de informação semioticamente constituída e esse papel tem ligação profunda com a mente ou a inteligência do sistema. Superando os sentidos dicionarizados do termo mente ou inteligência, tal como o empregamos, a semiótica da Escola de Tartu-Moscou atribui outros significados aos verbetes incorporados conceitualmente a seus postulados. A definição de inteligência e raciocínio teriam bases evidentes, na concepção lotmaniana (Lotman 1990; Machado 2009, p. 280): 1) transmissão de informação disponível; 2) criação de informação nova; 3) memória. São essas capacidades apresentadas por uma mente, que permitem ao sistema se renovar: operar semiose é o destino do sistema. Assim, tem-se que a condição da mente é gerar textos ou gerar sentido.

É na amplitude de uma mente cultural a operar semioses diversas e formalizar ou resignificar textos, que admitimos o funcionamento de mecanismos inteligentes no sistema. Essa reflexão é a chave conceitual para pensarmos no papel do *link* entre outras mídias. Daí, enxergarmos o *link* como parte de um raciocínio diagramático, que perpassa sistemas culturais distintos, gerando novos textos de cultura, como ocorre tanto hoje nos jornais, quanto em outros casos, desde seu surgimento.

Coincidentemente ou não, nosso objeto de investigação, o *hiperlink*, possui uma reconhecida relação com o processo de pensamento: a própria "invenção" da Internet reproduz os mecanismos de cognição do cérebro humano – uma rede instantânea e não linear de relações. Data de 1945, a publicação de "As We May Think", de Vannevar Bush, artigo publicado na revista Atlantic Montly, que relata o projeto de uma máquina mecânica a qual seu autor deu o nome de Memex, responsável por armazenar e relacionar o conhecimento de forma semelhante ao cérebro. A teia de cognições do cérebro, com suas relações por associação, seria, pelo intento de Bush, reproduzida de forma automatizada.

Embora existam experiências anteriores, o conceito de hipertexto, que dá efetivamente margem a existência de *links*, surge formalmente em 1965, criado por Ted Nelson. O cientista americano escreveu em "Literary Machines", que computadores seriam capazes de publicar em um novo, não-linear formato, chamado hipertexto. Hipertexto seria um texto "não-sequencial", no qual um leitor não seria obrigado a ler em alguma ordem particular, mas poderia seguir *links* e se aprofundar num documento original a partir de uma pequena parte dele. "Ted descreveu um projeto futurista, Xanadu, no qual todas as informações do mundo poderiam ser publicadas em um hipertexto" (Berners-Lee, 2000, p. 5).

Como se reconhece por suas heranças teóricas constitutivas, a web, rede mundial de computadores, possui intrínseca relação com os mecanismos da mente (aqui, nos referimos ao próprio cérebro humano), recuperando heranças teóricas de pensadores anteriores. Criada por Berners-Lee na década de 1990, a world wide web, www, parte de outros contributos teóricos que também asseguram essa relação entre Internet e pensamento. Ao descrever seu desejo para o protótipo, o inventor Berners-Lee explica que:

> Um computador tipicamente guarda informação em hierarquias rígidas e matrizes, como a mente humana tem a especial habilidade de ligar pedaços aleatórios a dados. Quando eu sinto cheiro de café, forte e imediatamente, eu posso me encontrar novamente em uma pequena sala numa cafeteria de

esquina em Oxford. Meu cérebro faz um link e instantaneamente me transporta até lá (Berners-Lee, 2000, p. 3).

Pouco referenciada em tempos de inovações constantes, a recuperação dessa trajetória e dos conhecimentos já bastante difundidos, antes de explicar o contexto e seu processo histórico, serve-nos como apoio para pensarmos o deslocamento sígnico e diagramático em torno de *hiperlinks*. Se conseguimos traçar relações entre os pensamentos que orientaram o surgimento da dinâmica dos *links*, se isso se deu de maneira cadenciada e num movimento contínuo, então podemos dar força e continuidade a essa noção de que o mecanismo do pensamento, que determinou a criação desse suporte, obedece a um processo mais amplo. Existe uma herança diagramática, que se reproduz sistematicamente, portanto. Nesse ponto, nos aproximamos conceitualmente do que Stjernfelt (2000, p. 37) chamaria de diagrama *in actu*, retomando o fundamento básico peirciano de que signos são apenas signos *in actu*: obedecendo a um conjunto de lógicas, o diagrama de pensamento determina uma mudança de estruturas, como um ato de continuidade de construção diagramática. Detalhando o procedimento, Peirce (2010) explica que a parte central do processo de raciocínio diagramático é a dedução: a demonstração do fato de que certa versão do diagrama necessariamente segue de outra.

Peirce, no entanto, desloca esse raciocínio da atividade do cérebro humano – não são as sinapses as responsáveis pela atividade da mente de que fala o filósofo americano, mas o signo. Tal concepção assegura o distanciamento de que o pensamento e a mente possuem vínculos com uma consciência particular: "(…) tudo o que está presente a nós é uma manifestação fenomenal de nós mesmos. Isto não impede que haja um fenômeno de algo sem nós" (Peirce, 2010, p. 269). Com a noção de "signo-pensamento" peirciana, o processo de transferência de signos (como no fenômeno de nosso *link*, aqui estudado) num plano mais amplo ganha novo respaldo e fundamentação: é no encontro ocorrido fora das concepções particulares de *hiperlink*, que sua estrutura diagramática se fixa. A partir de tais reflexões, localizamos um dos pontos mais complexos da noção de mente e de sua ação: não estamos admitindo o pensamento como algo particular, individual; os processos mentais fazem parte de um contexto maior e partilhado, o que arranca o intelecto e a manifestação de uma reflexão da condição isolada do próprio homem, em sua particularidade, como Lotman nos ajuda a equacionar, reforçando com isso a importância da interpretação semiótica da cultura:

> A semiótica da arte e a semiótica da cultura permitem atualmente, por um lado, ver na obra de arte criada pelo homem um dispositivo pensante e, por

outro, considerar a cultura como um mecanismo natural historicamente formado de inteligência coletiva, possuindo memória coletiva e capaz de realizar operações intelectuais. Isto arranca o intelecto humano do seu estado de unidade, o que nos parece ser um passo científico substancial (Lotman, 1978, p. 29).

É nessa perspectiva que acreditamos que os avanços da tecnologia digital poderiam ser um exemplo da evolução do diagrama de pensamento, agindo em busca de novas fontes. Arriscamos pensar, a partir de então, que esse diagrama, transborda dos limites das telas digitais e se ancora em outros horizontes da cultura. Queremos enxergar o alcance das noções diagramáticas no limite da esfera cultural de outras mídias, mais precisamente em jornais impressos. Com esse objetivo, espera-se articular uma outra perspectiva para as relações entre mídia impressa e mídia digital, vistas hoje quase exclusivamente pela ordem da competitividade entre meios.

Da natureza do diagrama de pensamento em jornais impressos

Qual é o estado ou proporção de um diagrama executado por um *hiperlink*? A dúvida sobre a representação e o alcance desse esquema é inevitável, dada a natureza do fenômeno estudado – a interferência da Internet no jornal impresso. De certo ponto de vista, ao abordamos o *link*, tratamos de uma mera relação entre partes, de uma ligação apenas, o que refutaria a princípio a ideia de uma ilustração esquemática precisa sobre o funcionamento de seu mecanismo. Porém, há de assinalar que a preocupação desta reflexão está longe da busca por concretude, materialidade e explicação causal. Não é em sua expressão, mas sim em seu conteúdo que o signo do *hiperlink* apresenta desdobramentos na cultura. Não se trata aqui de pensar um *hiperlink* como um mapa, um desenho, uma imagem, simplesmente. Se assim fosse, pouco teríamos a traduzir, já que os *links* não representam precisamente uma ilustração grandiosa, uma categorização detalhada. É enquanto pensamento diagramático, como reflexão a partir de um grafo, que o *hiperlink* quer ser aqui especulado.

Da ideia simples de juntar e da ação corriqueira, imediata, de estabelecer conexões fixa-se o atributo do *hiperlink*. Mas por trás dessa aparente correspondência instantânea está localizado todo o gestual da Internet. O *link* traduz a própria dinâmica da rede, condensa em si todo o mecanismo operacional da *web*. Sobretudo, se retomarmos aqui a trajetória do desenvolvimento dessa linguagem a partir dos procedimentos de funcionamento do cérebro, como anteriormente colocado, amplia-se essa visão restrita e inicial sobre o *link*. Duvidar dos juízos que fazemos sobre qualquer acepção dada é sempre um possível caminho para a interpretação, o que a esta reflexão coloca-se como argumento propositivo.

Ora, no jornal impresso, um *link* em sentido lato jamais poderia ser encontrado – o que levaria por terra toda a hipótese até aqui sustentada. Vejamos, *porém*, um fragmento do *corpus* da pesquisa realizada que deu origem a reflexão aqui proposta, sob esse outro olhar estabelecido, numa inclinação para leitura semiótica dos textos culturais e sua correlação com a dinâmica hipermidiática no plano diagramático.

Figuras 1, 2, 3 – Capas dos três jornais em formato tabloide analisados, publicados no domingo, 25 de março de 2012.

Figuras 4, 5, 6 – Capas dos três jornais em formato *standard* analisados, publicados no domingo, 25 de março de 2012.

Não é de hoje que a fórmula para a informação em jornais (informação = título + texto + foto) (Errea, 2008 *apud* Teixeira 2010, p. 30) sofre alterações. Antecipando perspectivas para os diários impressos do futuro, Garcia (1987) relata que o jornal contemporâneo, dos anos 2000, especialmente em sua primeira página, apresenta mais e melhores cores e fotos, conta com gráficos informativos e tem melhor indexicação entre todas as partes. Além disso, em sua capa, possibilita uma leitura rápida, com um *preview* conveniente para as histórias mais importantes e os cadernos ou seções. O princípio que orienta tais dinâmicas é o de que leitores querem maior quantidade de histórias e mais curtas, segundo o autor.

A amostra dos jornais pesquisados do dia 25 de março de 2012 obedece a grande parte desses critérios definidos. Em alguns deles, como *O Globo* e *Folha de S. Paulo*, encontramos características do que Garcia define como uma combinação de um visual de revista com a tradicional orientação de jornal (Garcia, 1987, p. 8). E como apontado antes pelo designer, identificamos também a indicação dos conteúdos das revistas e seções, numa distribuição mais dinâmica do que a tradicional manchete. Não é a partir da Internet, porém, que o design gráfico é colocado como conhecimento em evolução – não pretendemos aqui forçar essa consideração, mas analisar seu desenvolvimento num plano mais amplo de possibilidades, incluindo o meio digital nessa dinâmica.

Além desses contributos dos padrões do design gráfico, as páginas de alguns dos jornais estudados avançam por caminhos mais inéditos. Sobretudo nos diários de formato tabloide, a dinâmica visual das primeiras páginas imprime mais movimento e impacto, a começar pela distribuição da imagem, que ocupa boa parte da folha. A disposição de textos também é menos convencional, cortando as ilustrações e não obedecendo rigorosamente a blocos ou colunas, como se vê em *Zero Hora*. A tradição da apresentação noticiosa procura por mais liberdade visualmente, ao mesmo passo que esses jornais apresentam de saída, logo em sua capa, um caminho mais interpretativo e analítico. Essas características mostram-se presentes especialmente nos tabloides *Zero Hora* e *O dia*, por exemplo. Já em *SuperNotícia*, é a distribuição em blocos enfaticamente demarcados que compõe a marca registrada do noticiário. A propriedade da informação direta e rápida não é descartada, mas ganha autonomia com a divisão em uma estrutura rígida e condensada de apresentação.

Em ambos os formatos, é notável a organização das informações em caixas, por ícones, demarcação por linhas. O design do jornal mostra um conjunto segmentado, de pequenos fragmentos, de conteúdos independentes, de apresentação seletiva. Dessa análise, sobressai a relação com telas – possivelmente, novas dinâmicas vindas do audiovisual ou da Internet. Torna-se inevitável a comparação com as *homes* de portais e sites, com sua apresentação mais comprimida da notícia – que pode, é claro, ser desdobrada com apenas um clique.

Os ícones e remissões a outros conteúdos também se mostram bastante visíveis e são um capítulo à parte nessa análise. Essa característica surge na inserção dos endereços dos sites dos jornais no alto da página, como acontece em todos os diários apresentados, com exceção de *SuperNotícia* – vale ressaltar que alguns deles posicionam o site de maneira mais evidente (como em *O Globo*) e outros de modo bastante discreto (como em *Folha de S. Paulo*). As remissões a outros conteúdos acompanha cada fragmento noticioso apresentado. E mais do que a indicação verbal, essa posição se dá, sobretudo, pela plasticidade da distribuição da informação pela página.

Conforme os fragmentos observados, nota-se que as capas de jornais possuem contribuições tanto do design gráfico para veículos impressos, conhecimento em curso, desenvolvido ao longo do tempo, quanto de novas experiências e demandas, como marcas e características do meio digital. Não podemos considerar, evidentemente, que a condição visual do jornal impresso se manifesta exclusivamente pelas dinâmicas do on line; afinal, o sistema do jornal dirige seus códigos, sobretudo, a partir de suas regulações internas. Porém, a manifestação de uma dinâmica típica da *web* nas páginas dos jornais não pode ser descartada.

Não arriscamos, no entanto, definir um limiar preciso entre uma e outra motivação. A modelização atingida não pode ser rigorosamente apontada nas capas dos jornais; não cabe aqui distinguir ou estratificar as características de um ou outro sistema semiótico, realizadas por meio de uma expressão gráfica/visual nos jornais. Trata-se, antes de tudo, de identificar uma confluência de sentidos, numa perspectiva de reestruturação do jornal. Dessa forma, a evidência que aqui procuramos demonstrar nada mais é do que um percepto, que se mostra como inferência, como probabilidade – nem tudo no diagrama é demonstração.

É nessa linha de conexão e transporte que se localiza a possibilidade da ação de *link* como parte de um pensamento diagramático. O *link* ocupa o lugar de uma ferramenta lógica e não de um substrato distintivo. Assim, as capas de jornais não são mais que uma potencialidade; estão longe de serem compreendidas como provas ou testemunhos. Entender o movimento de deslocamento sígnico sob o plano da cultura é um passo tão importante quanto apontar sua materialização. Aos poucos, o não-texto da Internet (diga-se, "não-texto" para o jornal) vai sendo semiotizado, tornando-se textos, constitutivos de uma nova linguagem nos diários impressos; sem necessariamente obedecer ou delimitar alcances. E são os processos de raciocínios que dão margem a tais interações, nesse *continuum*. O diagrama de pensamento merece ser apreendido pelas relações que estabelece e não pela quantificação de sua presença. É em sua potencialidade que as capacidades diagramáticas se estabelecem e remodelam os sistemas da cultura. É como uma lógica que os *hiperlinks* enquanto pensamento diagramático poderiam estar agindo sobre o jornal impresso. Longe de querer generalizar os resultados e definições, que pertencem a cada um dos casos em particular – e outras extensões de sua condição – o jornalismo poderia estar sendo articulado por um pensamento ecológico e não apenas ser colocado como vítima de uma guerra entre mídias.

Referências bibliográficas

BERNERS-LEE, Tim. *Weaving the web*. Nova Iorque: Harper Collins, 2000.

BUSH, Vannevar. *As we may think. Atlantic montly*. Disponível em: <http://www.theatlantic.com/magazine/archive/1945/07/as-we-may-think/303881/>. Acesso em: 8 jul. 2013.

GARCIA, Mario. *Contemporary newspaper design: a structural approach*. New Jersey: Prentice-Hall, 1987.

LOTMAN, Iuri. *A estrutura do texto artístico* (trad. M.C.V. Raposo e A. Raposo). Lisboa: Estampa, 1978.

LOTMAN, Yuri. *Universe of the Mind. A semiotic theory of culture* (trad. Ann Shukman). Bloomington: Indiana University Press, 1990.

MACHADO, Irene. *Semiótica da cultura e semiosfera*. São Paulo: Fapesp/AnnaBlume, 2009.

PEIRCE, Charles S. *Semiótica*. São Paulo: Perspectiva, 2010.

STJERNFELT, Frederik. "Diagrams as centerpiece of a Peircean epistemology". *Transactions of the Charles S. Pierce Society*, Summer, 2000, v. XXXVI, n. 3, 2000.

TEIXEIRA, Tattiana. *Infografia e jornalismo*. Salvador: Edufba, 2010.

Capítulo 4

O conceito de *moving pictures of thought* como expressão do pensamento contínuo – Patrícia Campinas

Quais eram as intenções de Peirce com o sistema de grafos

Segundo Dau (2006) antes de ser uma "instrumentalização" para o estudo da comunicação, a filosofia semiótica que Peirce desenvolveu tinha como objetivo maior a fundamentação do raciocínio e de sua faculdade de aquisição de conhecimento, a cognição. Conforme Keeler *apud* Dau (2006, p. 2): "(...) no geral, seu trabalho em vida pode ser visto como uma luta para construir a perspectiva filosófica necessária para examinar como o crescimento intelectual ocorre".

Peirce concebia o pensamento lógico como se originando a partir de uma teoria geral dos signos (a semiótica), pois para ele "todo pensamento, portanto, deve necessariamente ser por signos" (CP 5.231-5.263) e nas operações de desenvolvimento de significados que ocorrem em símbolos, índices e ícones: "A substância dos pensamentos consiste destas três espécies de ingredientes" (CP 5.231-5.263).

Nas tentativas de atingir estes objetivos a filosofia peirceana acabou englobando a Lógica Matemática, o que fez sua semiótica avançar para além do estudo linguístico, pois a urgência de Peirce estava em observar quais sentidos os signos assumiam no processo de raciocínio (Dau, 2003). A Lógica enquanto filosofia tem como preocupação estudar o fundamento, a estrutura e as expressões humanas do conhecimento como algo que se endereça ao estudo do raciocínio. Na matemática, o mesmo estudo das expressões lógicas é praticado, porém, através de fórmulas para se atingir modos válidos de inferências. A inferência refere-se ao ato ou processo de derivar conclusões lógicas de premissas conhecidas ou decididamente verdadeiras (Abbagnano, 2007). Peirce também acreditava que seria na matemática que ele encontraria o caminho para estudar o desenvolvimento dos signos no raciocínio, pois para ele a matemática era o campo mais abstrato de conhecimento já que apesar dos resultados matemáticos serem atingidos por cálculos pré-estabelecidos (exatidão), a lógica dos números giraria em torno sempre de estados hipotéticos das coisas. Em um mundo de possibilidades e caminhos exatos, Peirce formulou que: "Todo raciocínio necessário é, estritamente falando, raciocínio matemático" (*apud* Dau 2006, p. 5).

Com estas ideias norteando sua pesquisa, Peirce desenvolve a noção de diagrama que, em álgebra geométrica significa: a representação de um objeto qualquer por meio de linhas, desenho e traçado, ou nas palavras de Peirce (CP 4.535) "(…) em geral um diagrama é composto principalmente de manchas e de linhas de ligação com algumas manchas (…)". Desse modo, os diagramas são desenhos formados por grafos, que Peirce denominou de existências, por serem estruturas mínimas de formação diagramática; imagens que poderiam ser comparadas a um "mapa" do pensamento, de diversos caminhos para se chegar ao mesmo local, estando assim, em um estado de formação diferente da lógica descrita por palavras, como a lógica clássica Aristotélica. Conforme coloca Shin (2011, p. 335): "O contraste entre linearidade e não-linearidade é uma das bem reconhecidas características distintivas entre representação linguística e diagramática." O diagrama é assim um método imagético de observação do raciocínio, em que informações ficam implícitas por entre suas linhas e manchas. Para Stjernfelt:

> É um fato psicológico pertencente à percepção que a representação da imagem é muito mais fácil para um ser humano decodificar. Mas isso não se deve apenas à arquitetura específica e as habilidades especiais do sistema visual humano (suavização de superfície, formato do contorno na retina, etc.). É também devido ao fato de, na representação pictórica, contornos de objetos serem representados sob a forma de estruturas de linhas contínuas, as superfícies dos objetos serem representadas na forma de segmentos de plano contínuo (…) (Stjernfelt, 2011, p. 414).

O desenho do diagrama seria formado pelas escolhas de caminhos específicos para esse mesmo lugar em que cada caminho é diferente e apresenta uma escolha lógica diferente, mas chega ao mesmo resultado. Os resultados (o local), não são os pontos sobre os quais recai a importância do diagrama, e como coloca Peirce, diferentemente do matemático que só observa o resultado, o lógico se interessa pelo desenvolvimento dos caminhos. Nas palavras de Peirce:

> (…) O lógico não se importa com o que o resultado pode ser; o seu desejo é o de compreender a natureza do processo pelo qual ele é atingido. O matemático busca o mais rápido e resumido dos métodos seguros; o lógico pretende fazer com que cada pequeno passo do processo destaque-se claramente, de modo que a sua natureza possa ser compreendida. Ele quer que o seu diagrama seja, acima de tudo, o mais analítico possível. (CP 4.533)

A intenção do diagrama de Peirce seria então "(…) dissecar as operações de inferência em quantos passos distintos forem possíveis (…)" (CP 4.424), o que torna o diagrama uma metodologia de análise e não um facilitador de raciocínios. Diagramatizando as informações, o pensamento fica exposto "para nossa contemplação com o lado errado, para fora, como se estivesse mostrando sua construção da maneira mais plana e simples", algo que segundo Peirce evita que escorreguemos nos "pulos dos lógicos distintamente ingleses seja em que ramo, onde o caminho está repleto, muitas vezes, das mais valiosas e sugestivas obras, como as de Venn e sua Lógica Empírica, com puerilidades a cerca de palavras" (CP 4.7).

E embora os diagramas tenham forte relação com a matemática, no sentido apresentado anteriormente (como um reino de abstração e, portanto, possibilidade), Peirce estendeu seu diagrama para além deste campo, e mesmo de seu campo filosófico, pois acreditava na observação de qualquer pensamento lógico através dos diagramas:

> Agora, a compreensão completa do raciocínio matemático deve ser um longo caminho que nos permita encontrar um método de raciocínio sobre este assunto, bem como, muito provavelmente, sobre outros assuntos que não são sequer reconhecidos por matemáticos. (…) Nosso propósito, então, é estudar os trabalhos necessários para a inferência. (CP 4.429)

É importante situar que um diagrama é um sistema de observar partes delimitadas pelas fronteiras do conhecimento semiótico ao qual é pertinente, pois em momento algum Peirce intencionou formular um meio universal de representação e comunicação. O que quer que o diagrama represente pelos seus valores verdadeiros é interno e não relativo (Stjernfelt, 2011). Por isso, afirmar a extensão para se observar a produção de inferências em qualquer área que as demande, não significa uma permissão para o devaneio de insinuações de que qualquer utilização de um diagrama é válida.

O conceito de moving pictures of thought e a noção de diagrama: mobilidade que se aclara

Sendo os diagramas imagens do pensamento, figuras que nos permitem explorar os processos de raciocínio lógico, eles estariam ligados ao estático em uma primeira instância, enquanto desenhos. Porém, quando Peirce se refere aos grafos ele escreve a seguinte sentença: "Assim, quando eu digo que grafos existenciais colocam diante de nós imagens em movimento do pensamento, eu quero dizer do pensamento em sua essência livre de acidentes fisiológicos e outros" (CP 4.8). Peirce ainda chega a utilizar sentenças como, "imagens dinâmicas do pensamento", "imagem em movimento da ação do pensamento na mente" e a afirmar que os "Grafos Existenciais fornecem uma imagem em movimento do intelecto" (Pietarinen, 2011).

Dessa forma, Peirce caminha mais além concebendo os diagramas, não como imagens estáticas, mas sim, como partes de um fluxo. Como fotogramas de um filme, ou quadros de uma animação, cada diagrama seria independente e diferente, formando sua própria figura de esquematização de pensamentos. Mas, quando observados juntos, formam outro tipo de relação, e outras formas de intelecção, como o próprio movimento dos fotogramas em uma experiência fílmica, que é diferente da experiência de observação de uma foto. E assim, os diagramas representariam e proporcionariam - já que, sendo eles icônicos, podem por si gerar mais informação - dois tipos de experiência diferentes: uma de estaticidade e outra de movimento.

Entretanto, segundo Pietarinen (2003), Peirce escreveu sem grande detalhamento ou defesa sobre a ideia de que os diagramas estariam em um fluxo contínuo, com o próprio Peirce chegando a colocar que este conceito: "É tão elaborado e tão pouco familiar em substância, que qualquer exposição clara e tolerável ocuparia mais páginas do que seria digno pedir ao nosso bom e admirável editor (...)" (Pietarinen, 2011). E talvez por causa disto, exista certa dualidade no pensamento peirceano que ao mesmo tempo fala do movimento, e por outro lado, reforça alguns elementos pertinentes à ideia de imobilidade.

Para começarmos a discorrer sobre esta dualidade em Peirce citemos alguns exemplos de "defesa" a um estado estático do diagrama que aparecem em suas ideias. O filósofo afirma que seus diagramas devem ser produzidos para nossa contemplação; ideia central de seu pensamento, cuja sugestão nos parece, em um primeiro momento, caminhar para uma circunstância parada de uma figura que pode ser esmiuçada por sua presença. A própria noção de diagrama, como um desenho, corresponde (pelo menos, na noção mais ocidentalizada da palavra) a um objeto no sentido literal (um quadro que se observa, por exemplo). E caso o diagrama se torne palpável ou escrito sobre uma superfície, ele realmente será um objeto parado.

Para tal contemplação do diagrama, Peirce chega a colocar que é preciso existir uma folha vazia, sem nenhuma asserção proposta e nenhuma informação gerada, como o começo de todo o discurso: a Folha de Afirmação[1]. Segundo Peirce esta folha não é literal (CP 4.396): "Fica acordado que uma determinada folha, ou quadro negro, deve, sob o nome da Folha de Afirmação, ser considerada como representante do universo de discurso (…)." A Folha de Afirmação é a verdade pura, local, onde a experimentação das hipóteses e suas realidades irão ser desenvolvidas na produção de um diagrama. Segundo Dau (2006, p. 11): "Um diagrama representa uma proposição, e escrever o diagrama sobre a Folha de afirmação é afirmá-lo (isto é, a proposição correspondente)". Dessa forma, a ideia de que o diagrama seria um desenho que precisa estar revelado em um local para observação é reforçada novamente pela ideia de uma folha (mesmo que metafórica) que mentalmente evoca a ideia de superfície finita, como uma folha de A4 em suas proporções (21 cm por 29 cm), por exemplo.

Contudo, na outra ponta do espectro do próprio conceito de Folha de Afirmação, os objetos começam a "trocar de lugar". Expliquemos: Peirce aclara que o raciocínio tem relação com esta produção de asserções (afirmativas) em um universo arbitrário criado pela mente (CP 4.431). O raciocínio é entendido como um discurso racional e, enquanto discurso, sempre toma lugar em um determinado contexto, o qual necessita de participantes que devem conhecer e concordar (Dau, 2006). A Folha de Afirmação origina-se desta ideia de que os discursos estão em um universo de regras, o Universo do Discurso, em que nada deve ficar indeciso e que se torna representado no sistema dos grafos por esta Folha de Afirmação. Todavia, Peirce concebe todo discurso, mesmo que mental, como um diálogo. Sobre isso ele escreve: (CP 338) "Todo pensamento é dialógico em forma. Você mesmo por um instante apela para o seu eu mais profundo pedindo sua afirmação (…)", ou seja, não existe uma voz solitária nem na mente de um único indivíduo (discursos interno) e dessa forma, mesmo quando da criação do Universo do Discurso, independentemente de quantas mentes o desenvolveram, houve diálogo e, portanto fluxo.

Outro momento em que fica implicado o diagrama *on the move* é no conceito de arbitrariedade e construção deste universo, em que as regras não precisam ser aplica-

---

[1] Optou-se pelas iniciais maiúsculas para delimitar que este é o nome da folha de Peirce e não um suporte qualquer.

das ao mundo real, elas apenas precisam ser elaboradas logicamente por alguém dentro do universo. Peirce escreve em Tratados da Lógica. No. 2. em "Grafos Existenciais, Diagrama de Euler, e Álgebra Lógica'" (Dau, 2006):

> O universo lógico é o objeto com o qual o falante e o intérprete em qualquer proposição devem ser bem familiarizados e mutuamente entender um ao outro para assim estarem bem familiarizados, e devem compreender que todo o seu discurso se refere a aquele universo.

Dessa forma, Peirce concebe que são necessárias para a criação de um diagrama no universo do discurso duas entidades responsivas uma a outra, produzindo uma terceira ramificação de interpretação.

Nos escritos de Peirce o *utterer* (ou quem fala) e o intérprete serão nominados de Grafeus e Grafista como duas entidades cuja interpretação da atuação do Grafista é a parte dialógica que expande a regra. Sobre o Grafeus Peirce escreve (CP 4.431):

> (...) podemos imaginar que há duas pessoas, uma das quais, chamada de Grafeus, cria o universo pelo desenvolvimento contínuo de sua idéia, a cada intervalo de tempo durante o processo ele adiciona algum fato para o universo, isto é, proporciona justificação para algumas afirmações e embora o processo seja contínuo, estes últimos não são distintos um do outro no seu modo de ser, como as proposições que indicam alguns deles o são.

Peirce prossegue nesta mesma citação e mais a frente formula a explicação de quem deveria manipular as informações dadas pelo Grafeus, o Grafista.

> A outra das duas pessoas em questão, chamado de Grafista, se ocupa durante o processo de criação em fazer modificações sucessivas (isto é, não por um processo contínuo, uma vez que cada modificação, a menos que seja final, tem outra que segue), de todo o grafo. (...)

Tendo, por fim, a interpretação (ou como lemos uma terceira figura que interpreta não sendo nem o Grafeus e nem O Grafista). A citação segue:

> Deve haver um intérprete, uma vez que o grafo, como todos os signos fundados em convenção, só tem razão de ser quando é interpretado; um signo convencional não é nem uma massa de tinta em um pedaço de papel ou qualquer outra existência individual, nem é uma imagem apresentada à consciência, mas é um hábito especial ou regra de interpretação e consiste precisamente

no fato de que certos tipos de pontos de tinta - o que eu chamo de suas réplicas - terão certos efeitos sobre o comportamento, mental e corporal, do intérprete.

O que se entende dessas citações é que Peirce já presenciava o movimento do pensamento visto que, cada diagrama produzido por estas figuras responsivas acopla-se um no outro ou é substituído, a fim de desenvolver pensamento lógico, em que em um sistema de pergunta e resposta, por assim dizer, Grafeus e Grafista completam um ao outro testando e produzindo proposições, a fim de chegar a um diagrama final a ser interpretado por alguém.

Correlacionando com Dau (2006), podemos compreender que estas duas entidades mentais praticam experiências de raciocínio, já que toda operação de inteligência demanda uma parte de experimentação (hipóteses) mentais em que informações são unidas (coligadas) podendo estar duplicadas (interação) e por isso podendo ser dispensadas (cortes). Pensando que estas duas entidades podem se servir destas três partes elementares de um experimento de raciocínio, enquanto estruturas sobre as quais se abalizam as regras de permissão de Peirce - a saber, de apagar ou intersectar, interação e deiteração e corte duplo - nota-se que mesmo as regras sendo boolianas (sim e não) há a formação de uma terceira via tricotômica da resposta ao experimento (negativa ou afirmativa). Levando-se em consideração que Peirce partia da premissa de que todo pensamento é dialógico, é possível compreender que existe um certo fluxo que corre entre estas duas figuras replicantes[2] algo que, pensando-se sobre um discurso interno, não soa tão estranho quanto aparenta.

E como só é possível a observação do raciocínio lógico através do processo de construção do grafo (selecionam-se as relações e daí constrói-se o desenho), o próprio processo é um fluxo e as figuras de Grafeus e Grafista podem mudar de posição tendo a interpretação do grafo produzida por uma outra mente, em um contínuo movimento não linear (mas ainda assim lógico) de mudanças de estados, podendo ser vistas como o próprio movimento dos signos: a semiose. Estar em movimento e em forma de signos (mutáveis) é a realização da performance dialógica na mente. Para Pietarinen (2003, p. 2): "Eles (os diagramas) precisam ser auto-desenvolvedores e crescer no pensamento sem o qual uma imagem em movimento poderia não significar nada."

---

2   A palavra replicante aqui não está sendo usada no sentido de replicar modelos (clones) e sim réplica de um discurso, de uma argumentação.

Os Beta grafos e sua construção móvel

Segundo Stjernfelt (2000) todo diagrama que se desenvolve corresponde a uma possibilidade real (mesmo que de modo virtual), porém para que um diagrama se torne operacionalizado ele precisa de regras, ou seja, ele precisa de símbolos (Stjernfelt 2000). Para Stjernfelt (2000, p.377): "(...) uma análise mais atenta revela as semelhanças: o diagrama em Peirce é um ícone, de fato, mas é um ícone 'racional' formalmente controlado e equipado com uma sintaxe de transformações". Assim, a denominada sintaxe de transformações deve ser racionalmente relacionada, e com isto Peirce quis dizer que existe entre as regras não meramente relações, mas relações que devem ser de conhecimento dos participantes por experiência adquirida (hábito). Segundo Peirce: "O que temos de fazer, portanto, é formar um método perfeitamente consistente de expressar qualquer afirmação diagramaticamente (...)" (CP 4.430).

Para a formação de tal sintaxe e posteriormente semântica (a qual abordaremos brevemente neste artigo) Peirce concebeu algumas determinações para construção sintática imagética dos grafos. Segundo Pietarinen (2003), Peirce desenvolveu três tipos de grafos, sendo o terceiro, o gama grafo, a terminar e com a possibilidade de um delta grafo que não chegou a tomar forma alguma. O primeiro tipo de grafo é o alfa que conforme Pietarinen (2003) se relaciona de modo superficial à lógica proposicional. Os beta grafos seriam relacionados ao predicado, envolvendo um raciocínio mais intrincado baseado na generalidade. Os gama grafos seriam mais desenvolvidos em um sistema modal de ordem maior de raciocínio sobre os próprios grafos (abstração).

Os alfas, enquanto pertinentes a uma lógica proposicional, apresentam dois elementos da lógica booleana (verdadeiro ou falso), ou seja, se fazem proposições e se verifica por lógica sua validade. Um alfa é composto sintaticamente por uma Folha de Afirmação, letras, ou frases soltas em qualquer parte da folha, podendo estar fechadas ou não por uma curva simples denominada de corte.

A semântica do alfa forma-se da seguinte maneira: a folha em branco representa a verdade, as letras representam verdadeiro ou falso e qualquer forma bem delineada no grafo é um subgrafo. O ato de fechar um subgrafo com um corte é equivalente a negação lógica. Dessa forma, o trabalho racional que se desenvolve nos alfa é de negação ou conjunção (e ou não). Quanto mais profundo é o objeto em observação mais cortes que o fecham serão produzidos (Shin, 2011).

Um corte pode ser vazio, assim como pode conter outros cortes que concatenam as ideias, mas eles nunca devem se intersectar. Colocar dois ou mais grafos um sobre o outro na Folha de Afirmação é justapor estes grafos, ou seja, justapor duas ou mais asserções como uma representação icônica em alto grau de sua negação na folha de afirmação e da conjunção entre eles, em um modo comunicativo e associativo (Shin, 2011).

Já os beta grafos, que são de nosso interesse, apresentam uma ordem maior de complexificação das relações de seus elementos e podem conter os alfas, pois suas variáveis são quantificadas e demandam um domínio do discurso, uma interação entre as informações dadas e as relações tecidas sobre a qual as variáveis quantificadas irão dar um número finito de funções mapeadas a partir desse domínio, resultando também em um número finito de predicados e em um conjunto de regras recursivas que são criadas para segurar esta estrutura, configurando os beta como pertinentes a uma lógica de primeira ordem (Pietarinem, 2003). Segundo Peirce (CP 4511):

> A parte beta é capaz de lidar com facilidade e desenvolver raciocínios de natureza muito complexa e proposições que a linguagem comum só pode expressar por meio de circunlóquios longos e confusos. Uma pessoa que aprendeu a pensar em grafos beta tem idéias da maior clareza e precisão, o que é praticamente impossível de se comunicar com a mente de uma pessoa que não tem essa vantagem. O raciocínio dos beta geralmente recai sobre as propriedades de relações de um objeto individual para o outro.

Em composição semântica os betas apresentam as mesmas estruturas dos alfas, porém com mais ferramentas de construção lógica (Pietarinem, 2003). Segundo Pietarinen o sistema dos betas é sem dúvida diferente do sistema alfa, pois a Folha de Asserção, (o universo) tem signos que não são encontrados em alfa. "Eles são uma extensão conservadora dos alfa com estes novos signos e permissões ligados a eles, enquanto eles retém todos os signos pertencentes a parte alfa, junto com suas permissões" (Pietarinen, 2003, p. 12). Como nos grafos betas todas as fórmulas devem ser entendidas como fechadas, ou seja, todas as suas variáveis são implicitamente quantificadas, os cortes podem estar aninhados, não sendo mais somente relacionados simbolicamente a uma de operação de negação (Pietarinen, 2003).

Na parte sintática dos beta grafos existe a proposição da linha de identidade que teve sua iconicidade discutida várias vezes por Peirce. "Uma forma bem iconodal de representar que existe um quase-instante [o objeto] no qual ambos A e B são verdadeiros será feito pela conexão deles com uma linha pesada desenhada em qualquer formato" (…) (CP 4.385). Se a linha for quebrada a identidade entre os dois polos cessa imediatamente.

Os cortes relacionam-se às implicações possíveis e os *nested cuts* (cortes aninhados) ou *scrolls* (rolo, rolagem) podem ser lidos desta mesma forma. E é neste ponto que se encontra a outra parte de nossa complexificação nas relações em um diagrama que não comporta mais uma visão estática do objeto. A palavra *scroll* em inglês significa pergaminho em uma tradução grosseira. Peirce chama de *scroll* uma curva que pode fazer um *inloop*, algo que, entendemos, pode quase se dobrar por si, um semi-círculo. Compreende-se que a ideia de *scroll* esteja relacionada especialmente com a ideia de desenrolar, de espiral que tem um começo e cresce em um dado movimento. Como colocou Peirce: "O raciocínio dos beta geralmente recái sobre as propriedades de relações de um objeto individual para o outro (...)" é possível se perceber que, conforme as relações se articulam nas curvas que se aninham, existe um movimento de crescimento, algo que soa também bastante familiar a ideia de semiose, de fluxo e não mais de quadro estático. Sobre a natureza dos *scrolls* Peirce escreve:

> Os dois cortes[3] da Fig. 72, em conjunto, formam uma curva que chamarei de rolo. O nó não tem nenhum significado particular. O rolo pode igualmente ser bem desenhado como na Fig. 73. A única característica essencial é que deve haver dois cortes, dos quais o interior, já desenhado, pode ser chamado de inloop. O nó serve apenas para ajudar a mente na interpretação, e será usado somente quando ele tiver esse efeito. (...) (CP 4.436)

Dessa forma, veem-se dois elementos importantes na produção e leitura dos grafos que não falam claramente de movimento, porém, pelas concepções que embasam estas duas estruturas, percebe-se a implicação do caráter dialógico e por isso móvel no ato de compreender e produzir grafos.

Existe, pertinente a estas duas conceituações de construção em movimento, uma terceira que diz respeito especificamente à leitura do grafo e que também pode estar relacionada ao diagrama enquanto imagens em movimento do pensamento: o método endoporêutico de leitura.

O método endoporêutico e a relação de construção do próprio pensamento como movimento

Consistindo os diagramas, então, de um processo não estático de desenvolvimento, sua contemplação, em princípio, se tornaria mais complexa, já que a figura não

---

3   Peirce chama estas duas linhas de *seps*, que segundo Dau (2006) é outro nome dado por Peirce para cortes. Como não tivemos acesso a figura a qual ele faz menção, não se tem certeza do formato destas linhas, o que se entende é que elas provavelmente são curvilíneas.

estaria parada e demandaria diversas frentes de atenção sensorial. E como é fluxo, não se teria mais a certeza de sua forma exata e menos ainda de seu começo. Segundo Pietarinen (2003) este é um problema real enfrentado, o qual não passou despercebido por Peirce que, de forma também esparsa e não plenamente desenvolvida, concebeu o método endoporêutico de leitura do grafo, método o qual, segundo Pietarinen (2003) se relacionaria com a presença da informação. Segundo o autor, Peirce (CP 4.561) sabiamente percebeu que interferências de contexto poderiam prejudicar a leitura do grafo. Por esta razão ele propôs que a leitura deveria ser endoporêutica:

> Na Interpretação dos Seletivos é geralmente necessário observar a regra pela qual se segura todo o Sistema, isso significa que a interpretação dos Grafos Existenciais deve ser Endoporêutica, isso é, a aplicação no grafo na Área do Corte irá depender da predeterminação da aplicação do Lugar do Corte.[4]

Segundo Peirce, o método endoporêutico serve para a ocorrência de Seletivos iguais, mas que uma vez em posições diferentes no grafo, assumem graus de significância diferentes, portanto é preciso uma regra de leitura para que não se faça confusão com os Seletivos. O método endoporêutico destaca a importância da construção de contexto e atualização deste mesmo contexto durante a interpretação. Segundo Pietarinen:

> Método Endoporêutico (Endon: 'dentro'; poros: 'passagem, poro') exemplifica o princípio fundamental sobre o sentido do fluxo de interpretação lógica esquemática de Peirce de grafos existenciais (GES). Tudo se resume ao fato de que no GE, começa-se com os grafos de instância máxima ou o corte e passa-se para dentro de acordo com as convenções do GE. A interpretação é dialógica, pois Peirce coloca em seus termos semióticos como dois jogadores, o falante e o intérprete, e em GE em termos de Grafeus e Grafista (...).[5]

---

4   No texto de Pietarinen (2003, p. 16) a citação encontra-se diferente e não pudemos localizar nos Collected Papers a mesma citação. Porém, ela se enquadra melhor no raciocínio pretendido: "The rule that interpretation of a graph must be endoporeutic, that is, that the graph of the place of a cut must be understood to be the subject or condition of the graph of its area, is clearly a necessary consequence of the fundamental idea that the phemiec sheet itself represents the Universe, or primal subject of all the discourse.

5   Pietarinen, 2003. Disponível em:< http://www.digitalpeirce.fee.unicamp.br/endo.htm>. Acesso em: 2 nov. 2014.

Segundo Pietarinen (2003) como a folha fêmica[6] é representante de todo o começo da verdade do discurso, o Universo, ou o primeiro assunto, nas palavras de Peirce, o grafo de corte deve ser entendido como o assunto ou condição.

> A utilidade desta interpretação vai além de disputas na interpretação e compreensão de expressões anafóricas (não apenas as nominais, mas também aquelas que envolvem correferência temporal). Por qual outra maneira poderiam os valores dos pronomes anafóricos serem trazidos à existência no discurso além de pela observação do que aconteceu em rodadas anteriores de interpretação, intercaladas com as questões contextuais e ambientais da Folha Fêmica, tudo isso sendo bem compreendido entre quem fala e o intérprete, e sendo pressuposto como dado? (Pietarinem, 2003, p.16).

Por isso, conforme continua, Pietarinen (2003, 16): "De acordo com Peirce, a Endoporeusis, ou o 'vindo do exterior para o interior' (*inward*) em curso é como um relógio global que sincroniza a interpretação e a arranja em uma ordem definitiva do avesso (*inside-out*)".

Cogitando-se que quando Peirce tentou assegurar a corrente adequada dos quantificadores na leitura de seus *scrolls* (o método endoporêutico) ele pode ter se embasado no seu próprio conceito de primeiridade, que segundo Santaella (1995) concerne à qualidade do sentido como o primeiro contato com a informação que, uma vez percebida já é mediada, todavia como uma fina camada de mediação, um quase-signo, vê-se que a leitura de um grafo pode representar a maneira como se recebe informação: de fora para dentro (*inward*) e o grafo deixa isso do avesso sendo então a primeira informação dada (a mais crua) a parte mais externa do grafo que vai se desenrolando, por isso também, da ponta do grafo poder ser referida como o assunto da folha fêmica, ou o começo do desenvolvimento lógico.

> Isto significa que o fluxo de informação é de fora para dentro: a ocorrência mais externa de um grafo é examinada primeiro e o exame prossegue passo a passo em direção aos grafos terminais. Um grafo terminal é, ou um termo predicado, um *verum*, (isto é, uma folha vazia), ou um *falsum* (isto é, um corte em torno de uma folha vazia) (Pietarinen, 2003, p. 16).[7]

---

6   A folha fêmica pode ser entendida como a folha de afirmação, pois um fema é uma sentença. A diferença colocada por Peirce é que um fema é concebido com sentenças interrogativas, interpretativas e indicativas além de afirmativas, conforme sua citação em (Peirce: CP 4.538 Cross-Ref:††)

7   O método endoporêutico foi criticado como sendo muito rígido e não permitindo outras leituras, por Shin (2002) e por Hammer (2013) que acreditam que o método de múltiplas leituras apresentado posteriormente e com base em Peirce, seja mais adequado.

Correlacionando, por fim, a primeiridade que inicia o grafo com o conceito de Phaneron de Peirce (CP 8.213) implicando em: "tudo aquilo que é apresentado a mente em qualquer senso ou de qualquer modo que seja, independentemente de ser um fato ou fingimento", se percebe que o pensamento é fluxo contínuo integrado. Os phanerons, assim como os grafos, não tem suas regras de criação ligadas diretamente ao mundo físico e de acordo com Peirce, eles podem ser dos mais diversos tipos e produzir os mais distintos estímulos. Para Peirce (CP 6.233): "Todas as operações do intelecto consistem em pegar fotografias compósitas de quali-consciência (…)"

Pensando-se que as excitações dos phanerons podem provocar desde a mais elaborada elucubração sobre o pensar (como os diagramas) até a mais "reptiliana" resposta a, por exemplo, um barulho alto vindo do ambiente exterior que, talvez, seja um evento insignificante, um susto na melhor das hipóteses, em ambos os casos, certamente o cérebro produziu milhões de relações até atingir a resposta, e para nós, milhões de grafos, de cálculos para descobrir se estamos em perigo. Nosso cérebro processa 100 milhões de MIPS (Milhões de Instruções Computacionais) por segundo, mas muito deste processamento é ignorado como raciocínio por parte do sistema perceptivo-responsivo, caso o estímulo não represente ou demande reação imediata, então é plausível que milhões de diagramas em movimento contínuo sejam formados por estímulos de primeiridade dos phanerons a cada segundo de nossas vidas.

Como Peirce concebia o conhecimento como uma criação grupal como uma "(…) realização coletiva", que "(…) cresce por meios de comunicação entre seres humanos, em que os resultados do raciocínio são criticamente observados e discutidos" (Dau 2006, p. 7) é possível se compreender a presença de diversos diagramas além de uma única mente que se entrelaçam no movimento de uma criação coletiva nos phanerons. Peirce falava sobre "as cognições que assim nos atingem por estas infinitas séries de induções e hipóteses" (CP 5.311) algo que podemos entender, portanto, como esta exposição na formação de milhares de diagramas em uma teia contínua.

Considerações finais

De acordo com Pietarinen (2003), a ideia dos diagramas enquanto *moving pictures of thoughts* sendo um movimento real, estava de fato sendo desenvolvida por Peirce, mas acabou sendo deixada incompleta. O que se buscou mostrar é que apesar de Peirce ter feito apenas insinuações quanto ao diagrama ser uma parte maior de um fluxo, isso não destituiu de seu lugar o próprio conceito fundamental, que para nós, sempre se relacionou e esta capacidade móvel da inteligência criativa: a semiose. Conforme o próprio Pietarinen (2003) coloca em seu texto, mesmo com o renascimento dos grafos no século XX resultando em observações da lógica matemática menos duras, mais heterogenias e (que completamos) mais interdisciplinares, o fato de observá-los como estruturas rígidas e não como um contínuo nega o caráter primordialmente dialógico deles.

E ver os diagramas sob a ótica apresentada não fere nenhum dos conceitos de Peirce, pelo contrário, os complementa, mesmo quando da ideia de contemplação, que permanece, porém concernindo a um objeto que se contempla no movimento. Dessa forma, o exercício de se observar os grafos fora de uma estaticidade pode ser comparado ao que Machado (2013) afirma:

> Trata-se de noções que apreendem o raciocínio em seu raciocinar não como atividade mecânica ou um automatismo, mas como atividade que se realiza graças ao intercurso de ferramentas lógicas em que o diagrama da tríade torna-se o ícone estrutural do edifício epistemológico em construção semiótica (Machado, 2013, p. 4).

Para finalizar, uma ressalva sobre este exercício de tecer relações nos diagramas é cabível. Perceber os diagramas como algo em movimento, não significa que tudo que está em movimento é um diagrama de Peirce. A fim de não deformar nenhum pensamento e não ferir a lógica de Peirce é preciso ter cautela em como se construiria um diagrama de pensamento, pois se acredita que todas as produções, todas as respostas a estímulos ambientais (raciocínio) apresentam algum tipo de relação lógica e por isso podem ser denominados de diagramáticos, mas nem toda produção de resposta é um diagrama peirceano. Como o próprio Peirce previu estas regras não se aplicam apenas a lógica e nem a matemática, sendo o diagrama um método de observação de qualquer pensamento. Mas é preciso aprender a operacionalizá-los da melhor forma possível, para que assim, eles possam ser utilizados para observar qualquer tipo de raciocínio lógico.

Referências

ABBAGNANO, Nicola. *Dicionário de Filosofia*. Trad. A. Bosi; I. C. Benedetti. São Paulo: Martins Fontes, 2007.

DAU, Frithjoh. *The Role of Existential Graphs in Peirce's Philosophy*. Disponível em: <http://www.existential-graphs.net/Papers/RoleOfEGsIinPhilosophy.pdf>. Acesso em: 27 set. 2013.

_____. *Ligatures in Peirce's Existential Graphs*. Disponível em: <http://dr-dau.net/Papers/ligatures_semiotica_v2.pdf>. Acesso em: 27 set. 2013.

LAIR, P.N. Johnson. "Peirce, logic diagrams, and the elementary operations of reasoning". In: *Thinking and Reasoning*. 2002. Disponível em: <http://www.tandf.co.uk/journals/pp/13546783.html>. Acesso em: 27 mar. 2015.

MACHADO, Irene. *Diagrama como problema semiótico: a atividade do Grupo de Pesquisa Semiótica da Comunicação. Semeiosis: semiótica e transdisciplinaridade em revista.* [suporte eletrônico] Disponível em: <http:// www.semeiosis.com.br/u/60>. Acesso em: 30 ago. 2013.

PEIRCE, Charles Sanders. *Collected Papers of Charles Sander Peirce. CP Editorial Introduction to Electronic Edition Membra Ficte Disjecta.* Cambridge: Harvard University Press, v. I-VI (editado por Charles Hartshorne e Paul Weiss, 1931-1935), v. VII--VIII (editado por Arthur W. Burks, 1958).

PIETARINEN, Ahti-Veikko. *Peirce´s Magic Lantern of Logic: Moving Pictures of Thoutgh*, 2003. Disponível em: <http://www.helsinki.fi/science/commens/papers/magiclantern.pdf >. Acesso em: 25 ago 2014.

_____. *The Compositionality of Concepts and Peirce's Pragmatic Logic*. Disponível em: <http://www.helsinki.fi/~pietarin/publications/CoCoCo-Pietarinen.pdf>. Acesso em: 26 mar. 2014.

SANTAELLA, Lucia. *O que é Semiótica*. São Paulo: Brasiliense, 1995.

_____. *Cultura das Mídias*. São Paulo: Experimentos, 2003.

SHIN, Sun-Joo. "Peirce's alfa graphs and propositional languages". Semiotica, *Journal of the International Association for Semiotic Studies*, n. 1, p. 333–346, 2011.

_____; HAMMER, Eric. *Peirce's Deductive Logic, The Stanford Encyclopedia of Philosophy* (Fall 2014 Edition). Edward N. Zalta (ed.). Disponível em: <http://plato.stanford.edu/archives/fall2014/entries/peirce-logic/>. Acesso em: 27 de mar. 2015.

SOWA, Jonh. "Peirce's tutorial on existential graphs". Semiotica, *Journal of the International Association for Semiotic Studies*, n. 1, p. 347-394, 2011.

_____. "Peirce's Tutorial on Existential Graphs". Artigo anterior que foi publica em Semiotica, *Journal of the International Association for Semiotic Studies*, 186:1-4, p. 345-394, 2011.

STJERNFELT, Frederik. "Diagrams as Centerpiece of a Peircean Epistemology". *Transactions of the Charles S. Peirce Society*, 2000, v. XXXVI, n. 3.

_____. "On operational and optimal iconicity in Peirce's diagrammatology". Semiotica, *Journal of the International Association for Semiotic Studies*, 186–1/4, p. 347–394, 2011.

Capítulo 5

Formas diagramáticas em desenho – Carina Gonzalez y Sousa

Poderíamos começar pela pergunta, o que procura um pensamento, para então passar a, como ele o encontra. Acreditamos que isso faz uma grande elucidação ao caminho que aqui queremos refletir. Primeiramente para falarmos sobre formas diagramáticas em desenho, faz-se importante ressaltar o que é para nós, o que concebemos como diagrama. Entendemos diagrama, como o próprio pensar o pensamento, o que a nosso ver, o desloca completamente da unicidade quanto a um ícone, porque o pensamento se constrói, se faz em tamanha vagueza, veja, não que não tenha o caráter do ícone, certamente, mais é de início quanto a vagueza que queremos nos debruçar.

O que advogamos é que para o próprio pensamento, análogo ao funcionamento da própria mente, está também em correspondência a Mente do Cosmo, e que a direção a que ele se destina, sua busca é o princípio que o move, sendo, um problema, uma questão, tem o próprio destino, também, como uma indagação, assim dessa forma não está localizado, não sendo determinado, portanto, o veremos como profícuo, porque não o localizando como determinado é o que sugerirá a mente que pode e deve se aventurar em todos os caminhos, estes também indeterminados, para assim ter uma maior probabilidade de se localizar na zona de densidade de probabilidade que é justamente a margem de aderência que depois se fará quanto a sua existência, comprovada.

Vamos tentar ser mais claros, pode parecer estranho dizer que o destino do pensamento não é determinado, mas é assim que poderemos compreender o próprio caráter dinâmico do pensamento antes mesmo dele iniciar seu processo, ainda em sua naturalidade ao estado instável do universo, mais, nessa harmonia que é também parte do estado universal, ou seja, uma instabilidade que integra o indeterminado e uma lei. Como isso acontece, acreditamos que seria, podendo ver as leis primeiro como o próprio *modus operandi*, porém, mais intrinsecamente, as próprias afeições, sendo a lei dentro de uma indeterminação, e ainda, elas habitam em si possibilidades, então, são leis enquanto o sistema maior do pensamento, e são livres, por seu caráter interno, ou seja, as relações, as mediações, o fato delas ocorrerem é parte da harmonia, sendo a lei dentro do instável e do variável em um diagrama inicial

Dessa forma sugerimos pensar diagramas possíveis para as formas de desenho no mundo, como afecções que se apresentam tanto nas formas de desenhos da natureza e em igualdade de direitos lógicos, como as afecções das linguagens na arte no âmbito humano. Sendo as formas diagramáticas em desenho o próprio lampejo de processos de abdução dentro da lei que permeia todos os fenômenos em sua tendência a generalização. Em suma, o acaso é elemento da criação, posto em existência como descoberta, tendo sua validade confirmada. Tal fenômeno é bem descrito e analisado por nós, quanto aos desenhos presentes no traço da natureza, como exemplo demonstramos a presença do mesmo desenho, nos veios de um rio, nas raízes das árvores, nos galhos das árvores, segmentos broncopulmonares, um desenho que é terceiridade pelo hábito que se configura pela sua própria eficiência, um traço que é compatível com o propósito e por isso permanece, porém, em sua primeiridade, como elemento de criação se apresenta em formas diferentes, o mesmo transmutando-se, evoluindo e ganhando informação e sentidos e significados. É a arte demonstrando a completa similitude de processos diagramáticos de uma mesma lógica na conjugação do belo artístico e do belo natural.

Assim, nasce a Arte, fez-se mundo, e ela torna-se voz pelo som do cosmo, diz querer ser água, sendo torrente de força a mover-se na dança do silêncio dos mares, e marés, dos riachos e lágrimas, que poderão secar frente a deserto de destinos, mais ela antes quer ser elemento, sendo fonte, água com origem, nascente nascendo, fazendo-se desenho fluido, compondo um corpo transparente, como a seiva das árvores que a fazem viva, e, invisível na aparência, torna-se escultura, água se corporificando, se edificando, abraçando a atmosfera antes de se fazer vento que desliza, contorna, e se mistura às cores, feito reflexo das galáxias.

Essas relações propriamente que se fazem visíveis são em verdade as possibilidades para nos permitirmos abarcar seus sentidos maiores, que são os que vem a nos dizer sobre as posturas em relação a Ágape, onde como fluxo da mesma vibração se apresenta o questionamento de como se faz esse desenho em nossos sentimentos, como se faz essas aproximações de aderência a mente em nossos hábitos enquanto participes como seres, integrados mas ainda necessários de despertar quanto a essas relações, para poder ver e sentir, que a fluidez do desenho do rio, diz a nossa vida o pensamento de como está o fluxo de nosso próprio curso enquanto ser caminhante a existir, nossas condutas estarão condizentes com o desenho a que estamos traçando para nosso espírito (mente) como necessário ao mesmo rumo evolutivo? Isso pensando o humano, ainda como um particular, como um hólon em seu aspecto que se identifica e se desintegra em estruturas dispostas para compreensão, mas importante é o mesmo em sua integralidade, sendo geral no organismo mundo, com a totalidade dos seres, como dispomos, sendo inclusive o ambiente um ser para essa harmonia. Sendo assim muitas vezes nos parece que os elementos diretos do bios estão em maior correspondência a integralidade do que os próprio humanos que por vezes em suas condutas dispostas sobre escolhas em parte por tenacidade, ou dogmáticas se desapercebem de seu caráter unívoco e acreditam cegamente se sobrepor aos desenhos naturais engendrados no ritmo natural do cosmo, provocando muitas vezes patologias, ocasionando desvios nesse rio, ocasionando desertos imensos de compreensão, onde se perdem de vista os significados e ficam somente miragens ilusórias de comprometimento com o propósito.

Além das próprias formas que se fazem terceiridade em sua permanência nos desenhos do mundo, é de fato importante tornar, compostos por essa estética, as condutas humanas que ainda estão em possibilidades, porque não encontram nem uma harmonia quanto a segundidade, como alteridade em aprendizado, e principalmente como algo que já se estabeleceu no tempo, uma realidade disposta em todos os seus aspectos relativos às categorias em harmonia, sob a mesma idealidade. Entender a arte como um organismo evolucionário onde se apresentam o belo artístico e o belo natural na mesma sintonia, é ver a origem como um horizonte, concebendo um diagrama como estruturas móveis, deixando seus elementos permearem-se para atingirmos os sentidos possíveis.

Pensar a arte e a natureza como águas que provem da mesma fonte, é compreender sua equivalência, em termos de igualdade de direitos lógicos. Teremos que ser capazes de ver, como mãos desenhando, a nossa própria realidade, existência, onde encontramos uma percepção que comporta a razão e poetiza com ela. Acreditamos que o desenho é um dos elementos que mais despontará a nossos olhos claramente como a qualidade, a primeiridade, como elemento genético, outros serão descortinados em suas afeições, onde os afluente de um rio são desenhos como braços estendidos sobre a terra porque a traceja; a terra que empresta seu corpo, em desenho ele a esculpi, ele é traço porque faz caminho entre outras formas, é desenho em sua própria liquidez que toma por gesto, a voz que diz sempre seguir em frente, encontrando obstáculos, segue entre margens e se recria coreografando pelo seu próprio movimento, em dança das águas, refletindo o próprio espaço desenhando em um tempo que é ritmo dado pelo seu continuo de percurso e curso. O traço do desenho, enquanto líquido pode ser som a bater em pedras como tambores em um percussão. O traço, o sentido que é caminho, que é também forma, é qualidade, primeiridade tornada visível e cognoscível e quando começa a ser representação no próprio papel na criação, se torna segundidade, com todos os significados que possa comportar, mas na arte, arquitetura do cosmo, o traço, o desenho, não é somente qualidade, é hábito que se faz propagar mesmo sob outras formas e significados, dessa maneira o rio e seus afluentes passarão a ser raízes, o mesmo desenho em outra forma, se desforma sendo o mesmo em outro, alteridade, reação.

Quando o desenho do rio no monólogo da criação, veste a roupa de outro personagem, passa a ter a voz da raiz onde ele encontra a si mesmo enquanto liquidez na seiva que percorrerá novamente seu desenho passado fazendo-se presente, e o papel nessa representação que a raiz desempenha, seu gesto nesse teatro na existência é sua própria conduta, que se faz habitada pela primeiridade da terceiridade, é hábito, mas um hábito que conjuga a possibilidade de uma ação como arte. Há um germe do gesto que não deixa de ser Arte porque é código, código da natureza, permanece Arte porque é parte de um espetáculo a ser exibido sempre todos os dias. Lembremos que é pelo hábito, conforme o pragmatismo de Peirce, que algo nos torna cognoscível, o que dizemos é a possibilidade ainda desse hábito ser um gesto que é uma ação que é a voz, corpo e veste de um personagem, é como ele diz a que veio nesse palco, o mundo, nessa peça, a natureza e sob a nova forma encontra um traço mais denso, com um grafite encorpado. Ele é traço e textura, e ainda se encontra no mesmo universo interno do mundo, aquele a que ele se engendrou quanto rio, quando liquidez, o desenho do rio torna-se raiz com fênix renasce sendo nutrição, o coreografar sendo um desenho que continua a percorrer a seiva e desenho que ao mesmo tempo toma a forma de uma escultura a fixar-se. Esse desenho tornou-se ambíguo e dizendo que pode ser dinâmico e estável, e ainda sob a forma de raiz de uma árvore compreende a sutileza de poder no mesmo personagem ter ainda outro figurino, e descobre-se em outro caminho ao ser galhos, nesta natureza ganha informação.

Ao ser galho é figura e fundo, figura na atmosfera do ar que circunda e fundo de outras formas nos desenhos quando folhas, transmuta-se em si mesmo novamente e sobre o mesmo, tornando-se flexível novamente, dançando ao sabor do vento, onde aprende outro som diferente do das águas, o do seu desenho em outra forma, a folha, se relacionando com o vento produzindo som que une o elemento ar e terra em um só, sendo dedos a dedilhar a música de Deus, em fora de amor, um eros capaz de tornar-se forma na arte do mudo levando-nos a contemplação pela própria natureza. Novamente o desenho, se faz outra natureza como veias, em um corpo, retorna ao rio, conduz como águas o sangue, passando de um organismo ao organismo do homem, onde será rio, raiz e folha. O desenho dos afluentes do rio torna-se veias como a artéria interóssea posterior, passando os tecidos a ser a terra por onde esses rios navegam, e no corpo esse desenho se prolifera sobre a forma de ramos profundos, nervos e vasos, nos tornando árvores desapropriadas de uma natureza primeira fazendo-se segunda. O corpo humano é inteiro natureza da natureza.

Agora, nos será compreensível que justamente por serem da mesma idealidade, o que vemos como os rios sendo veias em sangue no organismo humano, são veias expostas no organismo da Terra sob a forma de rios, o que demostra que se tivéssemos essa consciência creio que trataríamos melhor nossos rios, porque ninguém cortaria suas próprias artérias. Aconteceria uma hemorragia no corpo se não fosse prudente e necessária, como em uma cirurgia, então fica realmente um pensamento imprescindível em nosso tempo atual, quanto a compreensão do organismo do planeta, e como esse organismo está sobrevivendo. Eles os rios enquanto veias ainda mostram-se expostos sobre o tecido da Terra, nos fazendo ver em todo momento seu sangue em líquido percorrer a realidade enquanto existência, é visível e se torna invisível aos sentidos de uma percepção cega. Devemos nos encontrar enquanto nossa admissão ao pragmatismo peirceano e nos prepararmos enquanto nossas escolhas, e nossa maneira de ver e conhecer esse mundo.

A arte tanto sofre metamorfose na natureza, quanto em sua própria natureza, e quanto aos processos codificados pela linguagem no âmbito humano, são formas da mesma forma que é somente uma. Quanto ao desenho, antecipando sua gênese, deve-se dizer que o desenho é muito mais que uma forma, como uma obra definida aos nossos olhos, vê-lo de fato é conhecê-lo perguntando como é sua origem, e então, vamos chegar muito além de uma forma, mais sim, algo que é desenho mais é destituído dela, a forma, passa a ser "sentido", ambíguo neste caso, mas é qualidade pura porque é o traço antes do traço, porque o que é desenho senão um caminho, e um caminho, é contínuo quando desenho, sendo o próprio vir-a-ser, sendo da mesma propriedade da mente do cosmo, que tanto desenha o mundo e fazendo-se cognoscível pelo contínuo, em suma o desenho enquanto caminho, enquanto vir a ser, deixa de ser forma para se apenas a essência, e sendo assim antecipando, ainda é movimento, adentra o espaço da dança, movendo-se é ritmo, passando a ser um caminho que é ainda a fluidez do mesmo, sendo vibração, é música, está completamente na esfera do Universo.

Poderíamos ver como um entre a forma e a essência, os menores substratos dessa alquimia, que seriam os elementos básicos de um caminho, encontrado em toda parte, sendo elementos de cunho visivelmente geométrico, onde encontraremos curvas, retas, semi-retas elementos básicos de geometria que se fazem notar em todas as formas, podendo nos dizer que são na natureza, propriamente uma escultura modelando-se sob justamente a conjunção desses elementos, ou seja, o que é elemento básico, quando entra em conjunção, passa a ser escultura, fazendo-se claros, em folhas, pedras, e em tantas formas do mundo, é escultura porque foi modelada pelos próprios elementos do desenho. Em qualquer um desses diagramas do desenho esteja ele em essência pura, em meandro ou forma, sempre permanecerá a gênese, o vir a ser, o contínuo.

O desenho como uma célula, no organismo geral, tanto cósmico como mundo, como particular, biológico, retornando, integrante a totalidade. O que vemos como relações, integral da construção diagramática, pode ser visto como simbioses, e ainda o que se concebe, como metamorfoses, mutação como formas de abduções. As formas diagramáticas são instrumentos de estabelecer um pensamento que propicie significados e sentidos antes não percebidos, gerando a criação, a abdução, que posteriormente se configura na existência como descoberta. O que é de suma importância, falando da arte, é vermos todos os fenômenos como uma melodia, assim podemos ver o desenho como a música, como a dança, a dança como uma escultura, é dessa maneira que o pensar, que os diagramas encontrarão na malha do pensamento do universo suas probabilidades que se estendem porque não se vê por um ponto de vista mas por todas as possibilidades conjugadas, e é dessa forma que encontra completa sintonia com a física moderna, ao conceber em si, o caráter indeterminado.

Se o desenho é o próprio contínuo, a dança é o próprio movimento com o figurino de sonoplastia do universo, porque o ritmo é elemento em todo, seu estado puro de qualidade, tudo que tem em si o movimento irá despontar na mente do mundo em plena conjunção da música e dança, unem-se pelo ritmo e a coreografia é unificada sob o gesto do teatro, sendo ambas, as condutas, a ação, e o gesto é, ambiguamente, movimento, o movimento é dança, a dança é música, a música é ritmo, retorna-se a origem, até sermos todos compreendidos como vibrações. Cada movimento na dança é música porque sua coreografia é uma partitura a ser manifestada no instrumento do palco que pode ser entendido como a própria terra, ou ainda, qualquer espaço, onde se possa sentir um deslocamento que se entrelaça como palavras em uma frase a dizer seu rosto que é seu personagem no teatro da existência.

Para ainda uma elucidação quanto a presença de diagramas em desenho no mundo, trazemos a imagem do mesmo se fazendo escultura na natureza da Natureza à natureza do homem, sendo tecidos onde as tramas são a própria primeiridade, o tronco de uma árvore torna-se a textura desse desenho que é pele invertida aos olhos dos tecidos musculares, que são da mesma propriedade, mais internamente a outro organismo, estruturas edificantes de edifícios no campo orgânico do mundo, fazendo-se real o que pode ser uma ilusão, porque não são partes, são o todo, fazendo-se ver em toda a sua obra que não é tronco e nem tecido semimenbranoso, é criação que torna-se descoberta à nossos olhos perdidos pelas imagens que se cristalizaram por um mente que perdeu sua aderência.

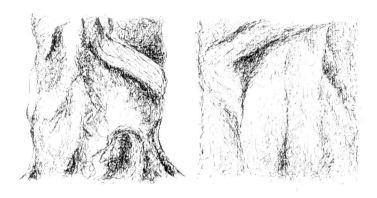

Figura 1 – Tronco de árvore (natureza) Figura 2 – Parte superior de coxa esquerda (corpo humano)

  E é sob uma mudança de olhar que se pode clarear o que é compreendido, pois que, o que é atmosfera, vira palco, como se estivéssemos de muito longe olhando esse tronco, imaginemos que estivéssemos muito longe mesmo, como além da atmosfera terrestre, onde o que é observado como céu torna-se areia translúcida, onde o tronco é novamente um traço, um caminho, fragmentado em tantos outros, que se confundem na geometria do mundo em quantos existirem se fazendo nascer, talvez então dessa maneira compreendêssemos os desenhos que os pássaros fazem todos os dias e trouxéssemos para perto de nós o que nos parece estar longe de alcance, sendo assim como um pensamento que não precisa ser de um poeta, mais um olhar que permite inverter polaridades para encontrar uma igualdade equacionaria, onde sejam os nossos sentidos, os sentidos do mundo e não de nosso organismo.

  Para o pensamento que é movimento através da lógica do sensível, não existem distâncias, podendo-se permanecer aonde se quer encontrar o destino de um sentir, como forma de se juntar ao Absoluto, assim estaremos como em uma sinfonia indo pra o mundo que queremos ser. Aonde a pedra é tronco, também, portanto um escultura, que nas mãos da mente encontra sua materialidade na forma de pedra, tronco e tecido muscular, todos tem fendas a serem sentidas como sintonia do que queremos compreender, assim mostra-nos o escultor do universo que os organismos em sua textura são marcas de revelações que permanecem a sombra e que tornam-se luz, isso podemos ver pelos meandros que se

105

mostram nesses desenhos, nessas formas, tudo que é exposto pela arte da mente em todas as suas formas diagramáticas, tem os sentimentos expostos em arte, tudo que é revelado pela fonte do que pode ser visto como um oceano do sublime somente está a espera de que se mergulhe em suas águas que em verdade são os sentidos além das formas, o que há de espírito neles, o que é belo e bom, o que de fato é a alma da mente, o que une essa compreensão ao admirável, ao *summum bonum*. Quantas vezes seremos como troncos a edificar a nossa vida, os nossos passos, aqueles que são como as asas, em forma de areia, quantas vezes deveremos navegar sabendo sempre onde é nossa nascente, essa é a vida, não o que pensamos que vemos, mas o que sentimos sendo dessa forma, dança e ritmo do universo no palco da mente do mundo, em verdade, entre mentes.

É preciso compreender a nosso ver que as formas estão muito além de suas formas, são qualidades além da sua representação, muito além dos nomes, ou do que poderemos dizer delas, porque certamente despertaremos à elas conforme nossa evolução e relação com a criação, mas podemos sim tentar ser espaço e tempo como em uma caverna, para que nosso eco sejam as palavras dessas imagens que não são palavras e nem imagens, mas sentimento, assim retornaríamos à vibração, para quem sabe ver os desenhos de um som, aqueles da sinfonia que sempre está lá em todos os acordes e melodias, desejando ser eterna em nós como é eterna no espaço e tempo.

Ainda podemos ver as raízes em baixo relevo, na arte do mundo, e mesmo transmutando-se como uma malha tridimensional, sendo montanhas, corpo estendido do desenho dos rios, veias da água sendo artérias da Terra. Mas, mais do que as formas, são os sentidos, podendo ser ouvidos, pelas condutas, como uma associação, onde se deve compreender como esses desenhos são formas diagramáticas em nosso organismo enquanto participe da mesma mente, como nossa conduta está na semiose dessas formas, compondo a escultura de nossos atos.

E as cores, elas são a própria vida, manifestando-se sobre os matizes de todos os desenhos da matemática desse mundo, e em particular na biosfera, em toda a natureza é uma palheta a mostra dos sentidos, que ainda nos ensinam uma mescla que se faz sem matéria, a tinta, mais pela obra do tempo, queremos dizer que o próprio deslocamento das estações no tempo são os pinceis desse quadro, do mundo, tornando-se cor, sendo pintado diante de nossos olhos sendo em verdade a visão que é uma indagação, como no quadro de Velásquez, as meninas, de quem vê ou está sendo visto, sob o olhar dessa obra mundo que está em nosso interior enquanto vida de nós mesmos, habitada pela nossa composição dinâmica onde não se tem a dicotomia da obra e observador, ambos, serão a pintura sendo pincelada a cada dia. Dessa forma o mundo passa a ser uma tela em branco a cada dia, mas que é pelo passado sendo o futuro em cor, e presente é apenas como experiência de uma alquimia de Seres em pigmento. Como se faz esse quadro é tema do poema do universo, em versos, dizendo do gesto que são a forma de sua composição.

Mais uma vez chegaremos a um entendimento do que é ausência de autor, ou melhor, um autor compartilhado da visão do presente, nos aproximando da gênese, a nosso ver novamente perante o conhecer fazendo-se não tempo, o próprio tempo. Seria uma boa reflexão pensar como seria a história da arte nessa obra que é a própria natureza, quais foram as vanguardas, e o que retorna e transforma novamente essa história que é da arte, do mundo e dos homens sendo a história da nossa evolução.

Dessa forma busquemos a percepção capaz de nos dizer o que está na lógica do sentir, enquanto possibilidade, como proposição do universo a dialogar o fato de, vermos que as asas de um pássaro são igualmente areia sob a luz e sombra, que os desenhos de um osso temporal pela vista anterior é uma ave em pleno movimento, a mesma forma sendo desenho de sentidos, primeiramente, poderíamos buscar a analogia de que por ser um membro do crânio, o nosso pensamento voa-se. mas então eu pergunto: Aonde reside nosso pensamento, que não em nosso espírito, esse que é em sua gênese como mente universal? E, onde estão as asas desse pensamento senão no próprio conhecer, e onde está o conhecer? Está na totalidade, como já dissemos anteriormente, sendo despertada como o acaso da própria essência. E pode haver acaso enquanto essência? Acreditamos que sim, se ela está tornando-se existência, ou seja, desperta conforme sua manifestação na experiência.

Então, retornemos a percepção, sobre o que mais nos diz um voo senão, que é caminho fazendo-se liberdade sobre os traços do pensamento, onde é possível ver uma escultura sem matéria sendo o seu permanecer, o continuo do voo, ele mesmo sendo a sua materialidade, nos mostrando como fazer do imaterial uma compreensão. O voo enquanto idealidade é a presença de todos, fazendo-se escultura enquanto fraternidade, esses são os sentidos verdadeiros, o pássaro visto como Ser, pousa na existência e retorna a voar sempre, porque o pensamento dessa forma não é um, mas é asas da memória do universo que percorrerá um tempo alheio ao tempo, apenas, lembrança presente, no futuro em aprendizado. Assim compreendermos que a nossa natureza e natureza, é o espirito do universo, que é toda a criação. Ser oceano em mente é procurar a profundidade do mundo em sua alma, e a arte como evolução.

Referências Bibliográficas

CAPRA, Fritgfa. *O ponto de mutação* (trad. Alvaro Cabral). São Paulo: Cultrix, 1982.

_____. *O tao da física* (trad. José Fernandes Dias). São Paulo: Cultrix, 1983.

JORGE, Ana Guimarães. *Introdução à percepção: entre os sentidos e o conhecimento*. São Paulo: Paulus, 2011.

_____. *Topologia da Ação Mental*. São Paulo: Anna Blume, 2006

IBRI, Ivo Assad. *Kosmos Noethos. A arquitetura metafísica de Charles S. Peirce*. São Paulo: Hólon, 1992.

_____. "Sementes Peircianas para uma Filosofia da Arte". *Cognitio: Revista de filosofia*, PUC, São Paulo, v. 12, p. 205-219.

KOSTLER, Arthur. *Jano* (trad. Nestor Deola e Ayako Deola). São Paulo: Melhoramentos, 1996.

LÓTMAN, Iuri. *A estrutura do texto artístico*. Lisboa: Editorial Estampa, 1978.

MACHADO, Irene; ROMANINI, Vinícius. "Semiótica da comunicação: da semiose da natureza à cultura". *Revista Famecos*, Porto Alegre, v. 17, n. 2, p. 89-97, maio/ago. 2010.

MATURANA, Humberto R. *A árvore do conhecimento* (trad. Humberto Mariotti e Lia Diskin). São Paulo: Palas Athenas, 2001.

MILLS, David Matthew. *Charles Sanders Peirce on the universe as god's work of art*. Tese de doutorado. The Pennsylvanic Stats University. 2000.

Capítulo 6

Imagem humana e nomes: relações diagramáticas a partir de textos da cultura. – Leandro Anderson de Loiola Nunes

Introdução

No presente ensaio discutiremos algumas das noções que embasam estudos em semiótica da cultura ao relacionarmos nomes e imagem humana, especificamente a de celebridades do meio audiovisual, a *textos* da cultura. Abordaremos algumas possibilidades causadoras de significação, juntamente com o estabelecimento de relações, na tentativa de provocar questionamentos e reflexões acerca do funcionamento do papel exercido pelos nomes, e imagens as quais nomeiam, circulantes nas diversas esferas culturais humanas. Relações e conexões sígnicas entre nomes e seres nomeados são possíveis na produção de linguagem e codificação no universo da cultura. A discussão proposta recorre a algumas das teorias acerca dos processos mentais envolvidos na comunicação humana, mais especificamente daqueles relativos ao estudo dos diagramas como mecanismo mental gerador de relações, responsável pela rede de associações e inferências, e sua implicação no entendimento dos processos reguladores da construção desses diagramas de relações na criação, escolha e entendimento de nomes e suas possíveis relações associadas à imagem humana.

Pensar os modelos de comunicação, especialmente em se tratando dos modelos ocidentais, implica considerá-los como sendo "lineares, sequenciais e lógicos" e um reflexo da influência medieval grega. No entanto, a realidade na vida humana permeada por nomes atribuídos aos seres nas diferentes esferas culturais e percebida pelos muitos meios de comunicação nos conduzem a experiências muito além de modelos de relações lineares e lógico sequenciais, já que a "voz, o impresso, a imagem e as informações sensoriais procedem simultaneamente" (McLuhan, 1989).

A elaboração de um nome "transforma nosso entendimento da lógica, do significado e da relação entre conhecimento e realidade" (Pinker, 2008). Essa concepção a respeito do que está por trás da criação de um nome refere-se ao ato de nomear, independentemente de qual seja o objeto, ou ser no mundo. Se assumimos que os significados dos nomes existem, ou em nossas mentes ou em algum lugar no mundo, então parece plausível admitir que deve haver uma estreita relação no modo como os nomes são elaborados a partir desses dois lugares possíveis.

> Um nome,
> (...) é um rótulo arbitrário, sem significado inerente, e as pessoas o interpretam como simples indicador do indivíduo que o recebeu. Mas na prática os nomes assumem um significado por associação à geração e à classe de pessoas que os carregam (...) refere-se a um indivíduo em todas as circunstâncias imagináveis em que possamos falar racionalmente sobre aquele indivíduo (...) (Pinker, 2008, p. 27, 328, 329).

Ao nos referirmos, aqui, ao processo de formação de nomes e sua respectiva atribuição aos seres animados e/ou inanimados do mundo não estamos tratando dos artifícios encontrados nas línguas para a criação de novas palavras, e consequentemente novos nomes para, por exemplo, indicar ou classificar indivíduos como acontece com alguns processos de formação de palavras por derivação, sufixação ou prefixação, para citar alguns. Nosso foco não está voltado para os aspectos puramente linguísticos operantes na elaboração e emprego de nomes. Antes, o que propomos é entender as relações diagramáticas construídas pela mente da cultura, tomando como paralelo o próprio processo mental humano, para que possamos estabelecer qualquer relação sígnica, por meio dos nomes com o meio, já que as manifestações da mente da cultura não são de propriedade de uma única pessoa, mas pertencem às esferas sociais que exercem poder sobre o entendimento, aceitação e circulação, ou não, de determinados nomes.

Exemplos dessas relações que se criam a partir do processo de nomear os seres no mundo podem ser observados em quaisquer esferas socioculturais da vida como, por exemplo, ao se nomear produções cinematográficas, canções, livros, revistas, corpos celestes, pessoas ao nascerem, produtos, bairros, ruas, seres em geral na esfera biológica ou até mesmo cidades.

Uma vez que não há como nomear sem tomar o funcionamento da língua como parâmetro, podemos pensar que parece haver determinados "traços de regularidade" no modo em que aprendemos as palavras de uma língua e as usamos mais tarde para nomear e há, também, cadeias de aprendizado conectadas aos falantes pois, "toda vez que usamos uma palavra para nos referirmos a uma coisa, nos ligamos à ponta de uma corrente sinuosa no espaço-tempo" que nos liga à pessoa que decidiu que um certo ser no mundo precisava de um nome (Pinker, 2008). Ao nomear, construímos um raciocínio que pretende conectar, a princípio, pelo menos dois pontos. Ou seja, um nome (A) refere-se, descreve ou marca um determinado ser (B) no mundo.

Johnson-Laird (2008) argumenta que o raciocínio está baseado em modelos mentais elaborados na mente, e que esses assumem tanto um aspecto icônico-analógico quanto um aspecto simbólico-abstrato. No entanto, não é apenas a analogia que parece estar por trás do modo como a mente raciocina.

A partir das informações e interação com o meio o ser humano constrói representações. Essas representações são icônicas, pois espelham relações encontradas no mundo, e são viabilizadas e produzidas pela linguagem. Também são simbólicas, uma vez que podem representar, por exemplo, conceitos abstratos. Ícones têm caráter tanto visuais, por exemplo a partir de uma imagem, como podem se formar por modelos mentais cuja representação remete ao objeto real no mundo. Esses modelos mentais fornecem as bases para o raciocínio humano (Johnson-Laird, 2008).

Dessa forma, os nomes parecem estar ancorados nesses tipos de representações, ou imagens, que permitem sua criação na mente ao relacionarmos um determinado nome ao ser correspondente nomeado no mundo; nos possibilitam a abstração por seu caráter arbitrário, muitas vezes existente, na relação entre um nome e aquilo que é nomeado. Há também que se considerar o aspecto de referencialidade proporcionado pelo ato de nomear, pois o nome muitas vezes aponta, indicia, determinado ser existente no mundo.

Relações dialógicas do ato de nomear

Para que possamos executar a habilidade, inata e humana, em comunicar por meio da linguagem verbal, visual ou verbo-visual, por meio de processos de nomeação, faz-se necessário relacionar uma determinada cadeia de palavras, imagens, sons, etc, de forma única e inédita, de modo que seja possível haver compreensão a partir de determinada esfera da cultura. A essa combinação sígnica ou relação dá-se o nome de "texto da cultura", que ao ser compreendido provoca uma posição de interação e resposta que de forma alguma é de natureza neutra ou imparcial, gerando assim expressão ideológica, que se torna então dialógica (Bakhtin, 2006).

Relações dialógicas podem ser percebidas a partir de várias manifestações na cultura. Ocorrem quando há situações de confronto, o que certamente inclui o processo de nomear encontrado no cinema, na publicidade, ou o ato de nomear ruas, rios, cidades, países, deuses, planetas, músicas, bebês ao nascerem etc. O modo de se estruturar um texto cultural é indício de percepção e de reação entre textos da cultura. Essa reação surge de uma antecipação ocorrida no próprio processo gerador dos textos para que se criem estruturas de intercâmbio semiótico.

Ou seja, toda forma de entendimento, referência ou inferência propiciados por um nome, na cultura, desencadeará outras relações sígnicas uma vez em contato com esse nome. Destacamos dois caminhos a percorrer em se tratando do processo de elaboração mental a partir de um nome. Podemos partir de um texto cultural e desse ponto em diante elaborar um nome levando-se em conta possíveis relações a serem assumidas, como também é possível a partir de um nome, já em uso em determinado texto, portanto cristalizado na cultura, recuperar o rastro de conexões a serem estabelecidas e que façam sentido dentro de uma dada esfera.

Um enunciado, seja ele verbal, visual ou verbo-visual, aqui representado pelos nomes, é um sistema semiótico já exposto a um processo de modelização por códigos (linguísticos e audiovisuais) e, consequentemente, possibilita que seja feita sua leitura em determinado contexto. Por modelização, entende-se como termo que

> passa a designar processos de regulação de comportamento dos signos para constituir sistemas (...) A modelização cumpre, igualmente, o desígnio de explicitar a vinculação histórica do sistema que não surge do nada mas elabora e redesenha procedimentos da experiência cultural. (Machado, 1997, p. 2)

Entendemos que a modelização ocorre com textos da cultura, uma vez que é na cultura que encontramos as criações humanas. Pensar em cultura, a partir de uma abordagem semiótica, nos remete à "elaboração e produção de signos nos sistemas culturais", como parte da Semiosfera (Machado, 2007).

Ao discutirmos a noção de modelo, deparamo-nos com a ideia de que este pode ser entendido como "um programa de conduta", que vai desde o funcionamento de uma máquina até a como organizamos nossas ideias. Chegamos, então, ao conceito de que o ser humano realiza esta organização mental e consequentemente cria sua realidade, primeiramente, por meio da língua. Desta forma, a língua teria o papel de sistema de modelização por excelência (Sebeok, 2001). Lembrando que a palavra 'modelização' foi criada "no campo da informática e da cibernética, para designar a operação que, no contexto das máquinas, se encarregava da auto-organização e do controle (…) do que está disperso" (Machado, 2007).

A língua, ambiente necessário para a criação de nomes, seria um sistema primário de modelização, enquanto todos os outros sistemas que encontram na língua sua base, ou que dela se estruturam, como ocorre com as diferentes linguagens em diferentes esferas podem, portanto, ser consideradas como sistemas secundários de modelização. A modelização permite que haja a organização das informações trocadas com o meio, a partir do conceito de Semiosfera, da semiótica da cultura, como espaço de interação entre códigos e sistemas culturais (Machado, 2007).

Um exemplo dessa organização pode ser dado a partir do nome de celebridades em conjunção com suas imagens, do cinema e audiovisual, tais como por exemplo: Marylin Monroe, Greta Garbo, Brigitte Bardott, Angelina Jolie e Madonna. Ao nos depararmos com esses nomes estabelecemos associações qualitativas entre esses nomes e as imagens que representam, inicialmente no cinema e audiovisual, e consequentemente na cultura. Uma das maneiras é pensar nas relações que esses nomes possibilitam juntamente com as questões culturais relativas aos padrões de beleza constantemente mudados ao longo do tempo.

Modelizações dos padrões de beleza

Em se tratando de padrões de beleza e cultura ligada às civilizações, no Egito antigo, o busto de Nerfertiti "é para a humanidade, como foi há três mil anos junto ao Nilo, símbolo e metáfora da beleza" (Camargos *et al.*, 2009). A preparação da pele, dos olhos, do rosto e do corpo, para os egípcios, era de extrema importância, especialmente em se tratando dos sacerdotes e sua ligação com os ritos por ocasião da morte. Os rostos eram devidamente maquiados com especial atenção dada à região dos olhos. Esse hábito não estava restrito às classes nobres apenas, pois os escravos também

> usavam olhos pintados. Começava-se passando pó de *kajal* no interior dos olhos, o que os protegeria das agressões do vento e da areia (…) As pálpebras superiores seriam sombreadas de cores sempre fortes (…) Umedecido, o *kajal* serviria também para cercar o olho com um traço comprido e largo, e para alongar e espessar as sobrancelhas (…) Os cílios seriam tingidos com uma pasta de *kajal* e gordura. Um toque de vermelho mineral daria mais vida aos lábios. (Faux *et al.*, 2000)

Conforme descreve Eco (2012), havia um "senso comum sobre a Beleza entre os antigos gregos. (…) Não é por acaso que a Beleza se encontra quase sempre associada a outras qualidades". Entre os filósofos gregos o assunto da Beleza também ocupava lugar de destaque. Sócrates faz distinção entre três tipos de Beleza estética: "a *Beleza ideal*, que representa a natureza através de uma montagem das partes; a *Beleza espiritual*, que exprime a alma através do olhar; (…) e a *Beleza útil* ou funcional" (Eco, 2012).

Platão, no entanto, adota duas concepções da Beleza: "a Beleza como harmonia e proporção das partes (derivada de Pitágoras) e a Beleza como esplendor, exposta no Fedro, que influenciará o pensamento neoplatônico" (Eco, 2012). Para Platão a Beleza proporcional estava associada à geometria e às leis da matemática, sobretudo na matemática relacionada à concepção do universo. A concepção platônica da proporção se baseava em um modelo de realidade na qual a perfeição estaria associada às ideias e essa filosofia orientou inclusive a produção arquitetônica grega, pelo fato de a civilização grega ter pretendido a encarnar a perfeição das ideias em estátuas, pinturas etc. A escola de Pitágoras parece ter sido a responsável por associar a ideia de ordem às "leis matemáticas que são ao mesmo tempo condição de existência e de Beleza" (Eco, 2012).

No que se refere aos conceitos de Beleza expressa por meio do corpo humano, vale destacar que para os primeiros pitagóricos a concepção de beleza harmônica estava associada às ideias de oposição entre as partes, entre as relações de dualidades (bem/mal; par/ímpar; masculino/feminino; direita/esquerda etc). Para os pitagóricos que vieram depois, entre os séculos V e VI a.C, conceberam a Beleza não pela oposição entre diferentes aspectos mas sim pela simetria das características visuais, pelo equilíbrio entre duas partes opostas. A concepção de Beleza assume um caráter parecido para Heráclito uma vez que, para ele, a harmonia entre os opostos deve ser feita pelo equilíbrio dos contrastes (Eco, 2012).

No século IV a.C, Policleto produz o Cânone. Trata-se de uma estátua na qual encarnava-se as ideias de justa proporção. No Cânone, todas as partes do corpo deveriam ser proporcionais num sentido geométrico: uma parte está para a outra, e essa para as outras sucessivamente. Para os Egípcios, diferentemente dos Gregos, a proporção não se ligava à geometria mas sim a "medidas quantitativas fixas". Assim, "uma figura humana deveria ter dezoito unidades de altura, automaticamente o comprimento do pé era de três unidades, o do braço de cinco e assim por diante…" (Eco, 2012).

Surge, na Idade Média, a teoria do "homo quadratus" cujo princípio era de que correspondências numéricas, a partir de elementos da natureza, deveriam ser também correspondências estéticas. E como na natureza é frequente encontrarmos correspondências com o número quatro: quatro pontos cardeais, quatro ventos principais, quatro fases da lua, quatro estações no ano; da mesma forma, de acordo com Vitrúvio, o número quatro passa a ser "o número do homem, pois sua largura de braços abertos corresponderá à sua altura, o que equivale à base e à altura de um quadrado ideal"; o homem de moral perfeita "será chamado de tetrágono" (Eco, 2012).

Os conceitos matemáticos e geométricos defendidos pelos filósofos da antiquidade deram origem à Medida Áurea, ou Proporção Áurea. Essa medida era guiada pelo princípio do 'retângulo harmônico', relação mais tarde encontrada para o crescimento de organismos no planeta, construções arquitetônicas etc.

Essa razão matemática estipula que para haver harmonia geométrica aplicada na arquitetura, artes ou na estética, por exemplo, deve-se encontrar o valor arredondado da razão de 1,618 entre suas partes. Esse valor ficou conhecido também como *Proporção Áurea* ou *Divina Proporção* e desde a antiguidade tem sido usada em obras arquitetônicas como o Parthenon, a catedral de Chartres e em algumas pinturas de Leonardo da Vinci como a Monalisa (Lauro, 2005, p. 35-48).

Parece ter sido por meio do arquiteto romano Vitrúvio o início do estudo das proporções aplicadas à composição das formas do corpo humano. De acordo com ele, o homem proporcional deveria poder ter o rosto segmentado horizontalmente em três partes simétricas: a primeira, do início do cabelo até as sobrancelhas; a segunda, desde as sobrancelhas até o nariz; e a terceira, entre nariz e o queixo (CAMARGOS et. al, 2009, p. 397).

Aplicada à imagem humana, a Razão Áurea é usada para obter as medidas antropométricas de rostos e corpos humanos ao estabelecer as proporções mais adequadas ou mais harmônicas para a beleza de formatos de rosto e corpo.

De acordo com Vigarello (2006), a partir do século XVI a Beleza dos corpos começa a estabelecer hierarquias na ordem de importância daquilo que podia estar visível aos olhos em se tratando das partes do corpo. A partir dessa época, o olhar é orientado, submetido a um código de moralidade. É o que limita a beleza às esferas circunscritas do corpo. Impõe-se, sobretudo, um critério daquelas partes do corpo que podiam aparecer descobertas ou não. A atenção e valorização da Beleza humana estava voltada para as "partes altas" enquanto que as "partes baixas" do corpo não eram para ser mostradas ou tidas como relevantes. Essa visão hierarquizada pode ser também compreendida pelo fato de que "a ordem estética" passou, a partir do século XVI, a ser orientada "pela ordem cósmica". Ou seja, há uma espécie de metaforização a partir do céu, do alto. As partes altas serviam de valor qualitativo transposto para as partes do corpo na representação da Beleza humana.

Com o cinema, a partir de 1928, "o rosto passaria a ter um destaque importante: as proporções hiperdimensionadas das telas de projeções e a necessidade de colocar em relevo a ação da fala fizeram com que o rosto devesse ser manobrado" (Camargos *et al.*, 2009).

Mulheres como: Greta Garbo, Marlene Dietrich, Joan Crawford e Jean Harlow ditaram, por meio de sua aparência, maquiagem e cabelos, as regras e tendências para os padrões femininos de beleza nos anos entre 1920 e 1930. Sucedendo-as, a partir de 1940, outras mulheres tornam-se lendas da beleza como: Betty Davies e Rita Hayworth. Já os anos 1950 trariam Brigitte Bardot, Grace Kelly, Ava Gardner, Vivian Leigh e Audrey Hepburn com "o estilo Audrey, que iria perdurar". Assim o arquétipo dos anos 50 eram "cabelos armados com laquê, delineador e unhas vermelhas". Dessa mesma década surge Marylin Monroe,

> estrelas entre as estrelas, ela seria o símbolo sexual da década, trazendo, junto com a provocação ingênua, um erotismo devastador e libertador. Sua maquiagem muito estudada, mais natural do que a das sereias fatais, porém mais sedutora do que a das "garotas de rua", era o resultado de três horas de trabalho; base, pó, sombra, rímel, cílios postiços, delineador, um batom rosa coberto de vaselina para dar à boca um volume voluptuoso, criariam uma maquiagem sem igual. (Faux et. al., 2000)

A partir dos anos 1980, a mulher passou a ser vista "como uma supermulher". Ora pela imitação da aparência masculina, trajadas em "tailleur cinza como o terno dos homens de negócios", ora exagerando na maquiagem, ou vestindo roupas em estilo punk, as mulheres dessa época tinham em Madonna sua melhor representante: «tudo é demais nela…e é perfeito!" (Faux et. al., 2000).

Pelo fato de a Beleza poder ser representada de diferentes maneiras, embora nosso foco aqui seja a beleza feminina, e exemplificada a partir das muitas imagens surgidas ao longo da história e atuantes na cultura humana, conforme as várias concepções filosóficas desde a antiguidade, é que torna pertinente abordarmos suas relações, como é possível retratarmos nas seguintes imagens:

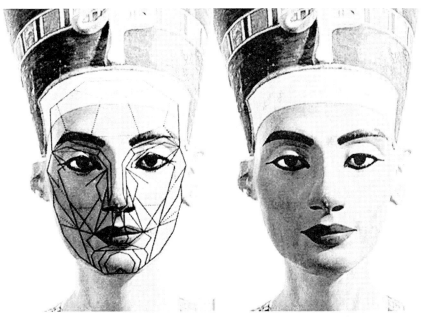

Cleópatra. Disponível em: <http://www.beautyanalysis.com/research/evidence/former-eras-beauty/>.

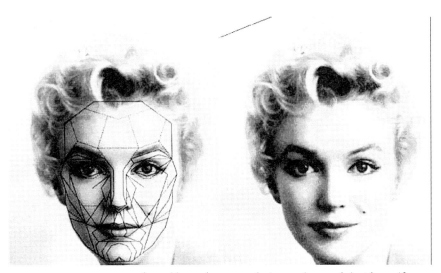

Marylin Monroe. Disponível em: <http://www.beautyanalysis.com/research/evidence/former-eras-beauty/>.

Angelina Jolie. Disponível em: <https://yesterface.wordpress.com/tag/angelina-jolie-perfect-face/) Acesso em: 05/04/2015>.

Conforme podemos perceber, há uma relação construída entre essas mulheres que viveram/vivem em épocas diferentes, ambientes diferentes; no entanto, sua imagem e beleza podem ser pensadas por meio do estabelecimento de certos parâmetros, como as referências matemáticas, ou a razão áurea, a fim de tentar explicar os motivos que levaram a imagem dessas mulheres a estarem ligadas a padrões de beleza, ou ainda como sinônimo de imagem a ser imitada por outras mulheres na busca pela melhor expressão de beleza feminina; a exemplo do que circula na cultura sobre Cleópatra. Embora a época de sua existência não tenha nos permitido o registro de sua imagem pessoal por meios fotográficos modernos, construiu-se uma representação para o que poderia ser o retrato de sua face e possível beleza. Foi por meio da imagem da atriz Elizabeth Taylor, em sua atuação no filme Cleópatra, de 1961, que fixou-se na cultura o estereótipo de modelo de perfeição de beleza concedido à rainha do Egito. No entanto, fontes mostram que sua possível aparência real, baseada em fatores tais como etnia e pesquisas arqueológicas, em pouco ou nada se parecem à imagem da atriz E. Taylor.

Em se tratando de representação do harmônico que, para Heráclito, se baseava não na ausência dos contrastes, mas no seu equilíbrio, temos representada nas imagens acima a chamada máscara de Marquardt. De acordo com os pressupostos dessa máscara, a intenção para sua invenção foi retratar em termos de proporção a verdadeira beleza facial. Baseando-se na proporção áurea, já comentada anteriormente, a máscara foi construída e sua utilidade serviria para provar que, assim como na natureza também no corpo humano e em especial na face, a simetria pode ser um dos elos que ligam a relação ideal entre corpo, imagem e beleza.

Ou seja, houve um processo semiótico de tradução entre diferentes manifestações culturais (como leis da matemática, história e o cinema, por exemplo), a fim de se produzir novos signos por meio das relações entre cultura e imagem humana. Agora transformada em signo, a imagem humana (conforme exemplificada por meios das mulheres retratadas) passa a produzir novos e outros sentidos e/ou significados na cultura, lembrando que a razão áurea não foi, primeiramente, verificada para ser aplicada à imagem da beleza humana tal qual retratada nos meios audiovisuais atuais. Mas, antes, era aplicada desde as civilizações antigas ao projetarem suas construções arquitetônicas na busca pela perfeição e harmonia das formas. Interessante observar que a imagem da atriz Angelina Jolie com a máscara Masquardt falhou em representar a beleza ideal porque a atriz não apresenta Proporção Áurea.

Tradução diagramática da beleza em nomes

Se as imagens das mulheres representadas acima se tornaram signos, pelas possibilidades de relação entre a representação da beleza ideal versus leis matemáticas, por exemplo; também é por meio da relação entre suas imagens e seus nomes que novos signos podem ser produzidos.

O nome Brigitte Bardot, por exemplo foi associado a símbolo sexual. De acordo com a revista Time, ela foi a responsável for ditar tendências de moda e não é mera coincidência que Bardot tenha ajudado a popularizar o bikini, tal qual se conhece hoje em dia. Seu nome classificou um estilo de uso de vestimenta de malha conhecido como "decote Bardot", o qual expõe ambos os ombros e o pescoço de quem os usa. Também seu nome está associado ao conhecido "sapato de bailarina", uma vez que foi a pedido de Brigitte, ex dançarina de ballet, que a designer Rose Repetto os produziu.

Outro exemplo de associações entre imagem e nome é o da pop star Madonna. Ainda de acordo com a revista Time, quando Madonna entrou para o cenário da música na década de 1980, ela não apenas foi extremamente bem recebida em um ambiente muito exclusivo e fechado como, e principalmente, redefiniu o que significava ser famoso na America. Na foto em que aparece em seguida, na capa do disco Erotica, a imagem ali retratada faz referência à imagem da atriz europeia alemã Dita Parlo. Madonna usa a imagem de Dita para representar a atitude e postura erótica, palavra inclusive transformada no título do álbum, *Erotica*. Madonna parece querer recuperar e estabelecer referência ao modelo europeu de atriz popular da época de Dita, ao final dos anos 1920. No início da canção cujo título nomeia também o álbum *Erotica*, Madonna inicia assim:

> "Erotica, romance *(repeat)*
> My name is Dita
> I'll be your mistress tonigh
> I'd like to put you in a trance…"

Fonte: <http://www.amazon.de/Erotica-Madonna/dp/B000UOGHKS>

Fonte:<www.i.ytimg.com/vi/MYTWYTAuw8w/hqdefault.jpg>

Fonte: <http://www.playbuzz.com/collette10/which-madonna-era-are-you>

  A autora de livros sobre mulheres e música, Lucy O'brien relaciona Madonna a outras imagens de mulheres famosas, dotadas de forte personalidade, insolentes e com feições clássicas como Bette Davis, Rita Hayworth e Ava Gardner. Em outra foto, na capa da revista Vogue Italiana, a referência de sua imagem é à atriz americana Marylin Monroe. De acordo com Clerk (2011), "de tempos em tempos ela presta homenagem às suas favoritas de Hollywood que amou desde garotinha - Brigitte Bardot, Grace Kelly (...) Greta Garbo, Bette Davis (...) e Marylin".

Fonte: <http://madonnaonline.com.br/2014/07/10/imagem-inedita-da-madonna-por-steven-meisel/>

Não é difícil, ao observar a imagem de Madonna encarnando Marylin Monroe, perceber a proximidade na identidade visual entre as duas. A cor dos cabelos, sua textura e outros detalhes retratados no rosto, como a famosa pinta acima dos lábios de Marylin e de Madonna, causam uma certa mixagem de identidades, de visual, de beleza etc.

Diante dos exemplos considerados, tanto os nomes quanto as imagens a eles relacionadas funcionam como *medium* semiótico, geradores de linguagem e produtores de textos da cultura. Por meio de um raciocínio diagramático, a partir do nome Cleópatra ou Marylin Monroe, por exemplo, podemos traçar possibilidades de relações baseadas em quaisquer conhecimentos prévios que possamos recuperar em nossa própria memória individual ou na memória da cultura, como por exemplo o fato de se associar o nome Madonna a erotismo; ou ainda relacionar o nome Madonna a Marylin a partir de suas imagens.

Além disso, é possível também construir outras novas conexões a partir de um nome associado a uma imagem humana relacionando-o a diferentes ciências ou fatos, como se deu com a relação entre imagens de mulheres reconhecidas como modelos de beleza e as proporções da Razão Áurea; conceitos presentes também no contexto da arquitetura, história e filosofia. O nome recupera a tradição histórica e remete a outras várias referências e inferências mentais possíveis de serem elaboradas, além de outras possibilidades de raciocínio diagramático, uma vez que as coloquemos em confronto dialógico com outras vozes da cultura. A seguir, construímos um exemplo de grafo de representação diagramática para essas relações a partir do nome Madonna e de suas imagens:

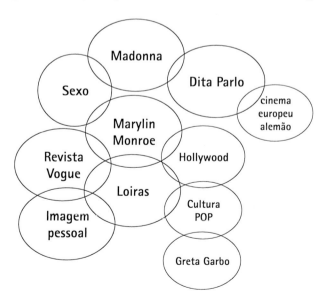

*Grafo de representação Diagramática a partir do nome e imagem de Madonna

Processo diagramático do nome a partir das modelizações culturais

Estabelecermos relações de comunicação e sentido compreende considerarmos a propriedade da linguagem e comunicação humana, já mencionada acima, chamada de Dialogismo. Este é formado pelas associações que se estabelecem na cultura por meio de sistemas modelizantes, relações e representações. As noções de diagrama, como aquelas encontradas nos estudos de Peirce, parecem oferecer as condições para esse entendimento, uma vez que a ideia de diagrama permite "uma visão clara do modo de conexão de suas partes, e da composição destas partes em cada estádio de nossas operações sobre ele" (Peirce, 2012).

Stjernfelt (2000) elucida a caráter icônico dos diagramas ao fazer referência aos tipos de ícones subcategorizados por Peirce em imagens, diagramas e metáforas. Encarar o diagrama como ícone significa tratar de suas relações de similaridade com seu objeto; relações essas que derivam inclusive de manipulações do objeto para que se extraia novas informações ressaltando, deste modo, o caráter dedutivo deste tipo de raciocínio. Sob o ponto de vista de suas relações diagramáticas, o ícone expande quaisquer atribuições aparentemente apenas indiciais ou simbólicas. Em outras palavras, diagramar as relações a partir de um determinado objeto implica estabelecer relações icônicas, analógicas e observações a partir de trocas experimentais para que se possa perceber novas e possíveis relações até então não vistas ou percebidas.

Tratar as possibilidades de elaborar relações a partir de diagramas pressupõe tomá-los como se fossem esboços que nos permitem fazer experimentos de raciocínio durante o movimento de construirmos as relações entre o objeto e seus prováveis interpretantes por meio do pensamento. Desta forma, dois princípios devem guiar a construção de diagramas: o *observacional* que compreende à iconicidade das relações geradas pelo raciocínio; e o *universal* que corresponde aspectos de generalidade atribuídos aos experimentos mentais. Esses dois princípios não derivam do conhecimento de *fatos* disponíveis na realidade mas, ao contrário, apontam para as relações racionais processadas pelo homem, na mente, para representar algo que de fato já existe, como se faz por meio de uma imagem, de um mapa; ou ainda para representar algo que se pretende que exista, como se dá na elaboração de um plano. Também, é possível fazer a separação entre o diagrama que se constrói por relações de raciocínio, sobre um determinado objetos e/ou objetos; e o diagrama cujas relações nos permitem significar simbolicamente algo, ou ainda nos referir indicialmente a algo. O primeiro diagrama, separado de quaisquer simbolicidade e referência, construído puramente por relações racionais e icônicas, pode ser chamado de *tipo*. Esse uso de diagrama é governado por regras estabelecidas e específicas de leitura e interpretação. O outro uso de diagramas se aplica a seu caráter simbólico, no papel de interpretante(s). Tanto o diagrama enquanto ícone quanto o diagrama no papel de interpretante podem, ambos, promover relações a partir e entre objetos reais ou fictícios, gerando possibilidades consistentes de pensamento, desde que sua elaboração esteja baseada em lógica. Desta forma, podemos nos deparar com diagramas puros, baseados apenas nas possibilidades de relações sem referência empírica; e há também os diagramas empíricos, interpretantes de símbolos empíricos do mundo real ou de um mundo qualquer imaginário.

No que se refere a esse ensaio, cujo objetivo é verificar as relações existentes e produzidas em processos de nomeação associados a imagens de celebridades, parece viável adotar o tipo de representação diagramática e dialógica mencionadas acima, ou seja, o uso da noção de diagrama como forma de raciocínio processador de informação com o intuito de se obter relações dialógicas a partir, por exemplo, das inferências ou associações propiciadas, tanto no momento da elaboração e escolha de um nome quanto quando um nome funciona como *medium* entre o ser nomeado e suas possíveis relações na cultura.

Uma vez que o processo mental para nomear baseia-se no estabelecimento de conexões entre informações disponíveis nos textos da cultura e que o nome, portanto, se comporta como *medium* possibilitador de relações, funcionando como signo, representante de um determinado ser no mundo, assumimos que o processo de nomear carrega consigo o potencial para que se possa fazer inferências já que as informações trazidas em um nome não estão dispostas em uma sequência, em algum tipo de linearidade, como ocorre por exemplo com o movimento de sentenças em uma língua, mas estão organizadas em locais de informação, dispostas em um plano de relações. Nomes e imagens ancoram informações, internas e externas, disponíveis na cultura e semiosfera. Há de se considerar também que um nome, a partir de um ponto de vista diagramático, explicita e disponibiliza informações que propiciam o diálogo entre o objeto nomeado, sua imagem, seu nomeador e a cultura. (Larkin; Simon, 1987).

Ao nos referirmos à disposição de informação em um 'plano' estamos nos referindo a um modelo geométrico que está por detrás da lógica Peirceana para a concepção de pensamento diagramático, ou seja, diante de um dado fenômeno o que servirá à análise serão suas categorias observáveis e então descobertas, possíveis de serem descritas, como num problema geométrico, a partir do qual se pode construir seu desenho geométrico, ou seja, suas possibilidades de resolução (Haaparanta, 1994). O caminho percorrido no processo de nomear, mais que apenas produzir combinações entre conceitos, parece refletir os mesmos pressupostos diagramáticos para modelos geométricos, ou seja, observa-se dado fenômeno ou objeto - como imagens, na cultura, pois não há como nomear algo que não seja observável, ou ao menos imaginado, então, experimentos de construções mentais precisam ser elaborados para que se possa diagramar as relações possíveis que deverão, ou não, no caso de um nome, ancorá-lo ao ser nomeado e sua imagem.

Após a experimentação decorrente do processo mental para se conseguir traçar as relações que serão traduzidas e associadas a um determinado nome é possível, deste ponto em diante, a elaboração de outras prováveis novas relações que, por sua vez, entram em circulação por meio de um nome em determinada esfera, sobretudo considerando o caráter dialógico dos diferentes enunciados que permeiam a cultura, juntamente os enunciados visuais, em se tratando de imagens.

Na circulação de nomes nas diferentes esferas culturais componentes da Semiosfera, bem como também toda a organização de critérios e de particularidades dentro de esferas específicas como a cinematográfica, do entretenimento, etc.; ao se atribuir nomes e relacioná-los a qualidades, imagens, valores ou quaisquer outros requisitos qualificativos, podemos entender que tanto o processo de nomear quanto os nomes atribuídos às imagens humanas em si parecem funcionar como *medium*, ou meio, para relações diagramáticas reguladoras de sistemas e produtos culturais, produtoras de signos e observáveis nas mais diversas esferas da atividade humana, ao redor do planeta.

Por isso parece plausível pensar esse processo a partir de sua existência dentro de um "espaço cultural habitado pelos signos" citado acima, o qual recebeu o nome de *Semiosfera*[1]. Dentro desse espaço de Semiosfera podemos tanto perceber quanto estabelecer relações diagramáticas na dinamicidade das diferentes possibilidades culturais propiciadas pelos elos dialógicos encontrados nos nomes e produzidos por eles, uma vez que entendemos a semiose como um processo de interpretação signica no qual os signos se interpretam gerando interpretantes em diferentes esferas de produção.

Esse espaço cultural da semiosfera é permeado por *textos da cultura*, conforme as noções estabelecidas a partir da semiótica da cultura para o entendimento do significado de *texto*. Desta forma, as ideias aqui expressas para o estudo dos nomes e processos de nomeação inserem-se e refletem essa acepção de texto como "mecanismo dinâmico da cultura (…) um espaço semiótico em que há interação, onde as linguagens interferem-se e auto-organizam-se em processos de modelização" (Machado, 2007).

Nomes e imagens, enquanto signos textos, assumem tanto aspectos verbais, visuais ou verbo-visuais a partir das várias esferas de circulação dos meios audiovisuais e esses modos de se materializarem e circularem no mundo, em se tratando de nomes fic-

---

1   *Semiosfera*: "conceito formulado pelo semioticista Íuri Lótman, em 1984, para designar o *habitat* e a vida dos signos no universo cultural" (Machado 2007, p. 16).

tícios adotados por muitos profissionais do meio audiovisual, ou mesmo nomes pessoais, por exemplo, "dependem da lógica dos nomes e da conexão das palavras com a realidade (...) A coloração de um nome vem em parte dos sons que o acompanham e em parte do estereótipo dos adultos que o carregam na época" (Pinker, 2008).

Por meio das noções de diagramas, que nos permitem a realização de um raciocínio diagramático no estabelecimento de conexões e representações entre, por exemplo, a própria representação e o objeto representado, discutidas juntamente com o caráter dialógico que a linguagem e, aqui, mais especificamente os nomes e suas imagens vinculadas assumem, pode-se pressupor o movimento decorrente do processo de nomear um objeto no mundo, como quando por exemplo tenta-se antecipadamente estabelecer perguntas e respostas associativas que levam as pessoas a entenderem o porquê de determinada pessoa receber seu respectivo nome etc, bem como perceber posições semânticas despertadas por um nome a respeito de seu nomeador, o que pode ser também uma empresa ou uma marca ao nomear um produto, por exemplo. Afinal, o próprio movimento de buscar exemplos empíricos no uso de nomes, associando-os às respectivas imagens, em diferentes esferas culturais, geradores de semiose, já constitui em si um processo diagramático que reflete o potencial para relações entre diagramas puros, ou seja o grafo de relações racionais entre os nomes e seus objetos nomeados, de um lado; e de outro lado as relações provenientes do processo diagramático empírico, ou seja o diagrama enquanto interpretante simbólico desses nomes em seu uso na cultura.

Parece haver uma modelização secundária tanto no processo de nomear quanto no emprego dos nomes em si e as imagens por eles qualificadas, já que é possível constatar um programa de organização do funcionamento dos mecanismos desse processo e escolhas de nomes feito por meio da língua, modelizador primário por excelência, e expresso tanto em textos verbais, visuais ou verbo-visuais circulantes em textos da cultura. Os nomes e as imagens do rosto e corpo agiriam, na cultura, como modelizadores pois se comportam como reguladores de um funcionamento semiótico que deve ser na maioria dos contextos icônico, cuja iconicidade reside no fato de se poder fazer tantas manipulações quanto necessárias na busca por novas informações e conexões, em sua maioria implícitas, provenientes da relação entre um nome e seu objeto nomeado; funcionamento que difere das possíveis características simbólicas e/ou indiciais isoladas uma vez que os signos, aqui no caso os nomes, dificilmente podem constituir relações puramente simbólicas e/ou indiciais sem a presença do componente icônico. Daí a razão para esse ensaio associar nomes a imagens humanas, especificamente do meio audiovisual, e seus possíveis significados e relações (Stjernfelt, 2000).

Se, por meio dos nomes e processos de nomeação, podemos observar antecipações ideológicas, relações entre som, cor, textura e significado, inferências dos mais diversos tipos etc, tornando os nomes e imagens um *medium* estabelecedor de conexões das diversas vozes ecoadas nas esferas da cultura humana, parece oportuno destacar, também, o caráter intencional conferido a eles quando são atribuídos aos seres no mundo. Ou seja, estabelecemos de maneira lógica um compromisso com verdades assumidas como necessárias sobre o que queremos dizer ao nomearmos ou usarmos nomes próprios, por exemplo, pois um nome, ou uma "palavra pode não ter nenhum referente no mundo (…) mas as palavras certamente têm significado para a pessoa que as conhece" (PINKER, 2008).

Tomando como base tais conclusões a respeito dos nomes entende-se o que Kripke (1981) quis dizer quando chamou um nome de um *designador rígido*. Ou seja, um nome parece desempenhar a função fixa de designar e qualificar um determinado ser ou objeto em todas as circunstâncias imagináveis das quais se possa pensar ou falar, etc a respeito, estejam esses nomes ancorados ou não em fatos, objetos, seres ou pessoas reais, e isso acontece graças a uma transmissão em cadeia. Por isso, ao entrarmos em contato com o nome *Cleópatra*, ou *Marylin Monroe*, ou *Madonna*, ou *Angelina Jolie*, estabelecemos também conexões com a função daquele nome, o que nos remete a qualidades representadas pelas imagens dessas pessoas associadas ao nome. Há uma conexão, simples ou complexa dependendo de grau cultural, conhecimento, intelecção etc) entre o nome, a imagem do ser e o que o ser representa na cultura.

Considerações finais

Podemos constatar que essas relações operam de maneira diagramática, após termos adotado a noção de diagramas como mecanismos de representação elaborados pela mente humana ao decodificar informações em processos de semiose ocorridos na semiosfera. Essas relações operam, na cultura, dialogicamente, uma vez que há confronto e conexão de dados à medida que a mente, por meio de esquemas mentais, faz associações e inferências tanto na criação de novos nomes quanto nas escolha de nomes já existentes na cultura. O nome associado à imagem, agindo como *medium* entre o mundo e o ser nomeado e representado, funcionam então como modelizadores, pois organizam informações, referências e associações a partir de várias vozes da cultura, estabelecendo conexões lógicas entre diferentes domínios, ancorando no mundo essas representações mentais de natureza icônica, simbólicas e/ou indiciais.

A partir dos exemplos de nomeação extraídos de algumas esferas culturais, a produção de um nome e sua associação a um determinado objeto parece refletir construções racionais resultantes de diagramas puramente lógicos e icônicos, bem como também nos permite a observação empírica de dados provenientes dessas mesmas esferas nas quais os nomes circulam e, a partir daí, pode-se diagramar também os possíveis interpretantes simbólicos pela manipulação dessas relações entre os nomes e seus objetos nomeados, fazendo surgir novos símbolos a partir de outras experimentações diagramáticas. Outro aspecto a ressaltar é que após estabelecidas as relações necessárias para que se possa escolher ou criar um determinado nome e associá-lo a um objeto, tem-se o nome como diagrama-ícone resultante desse processo e que, a partir daí, o nome assume o lugar do próprio objeto, esteja ele no mundo real ou existindo apenas ficcionalmente.

Por meio do entendimento sobre o funcionamento diagramático do raciocínio ao estabelecer relações e inferências no processamento de informações aplicadas aos nomes e imagens, nota-se que há uma similaridade de movimentos ao observarmos que o processo de nomear um objeto, em diferentes textos da cultura, ocorre por meio de relações simultâneas, vindas de várias fontes da cultura, da mesma forma como são percebidas as múltiplas informações produzidas dentro de diferentes espaços semióticos. Parece que o mecanismo operado na elaboração de nomes vai além da simples hierarquização linear, sequencial e mera classificação de objetos em categorias rotuladas por certo nome, pois aproxima as noções de diagramas geradores de relações mentais ao permitir que a mente, por meio do raciocínio diagramático, organize de maneira icônica e/ou simbólica a multiplicidade de informações simultâneas advindas do meio ao relacioná-las a um nome propiciando, dessa forma, que os diagramas operem em um espaço de relações.

Referências:

BAKHTIN, M. *Marxismo e Filosofia da Linguagem*. 12 ed. SãoPaulo: Hucitec, 2006.

CAMARGOS, C. N; MENDONÇA, C. A; DUARTE, M, S. "Da imagem visual do rosto humano: simetria, textura e padrão". *Saúde Soc. São Paulo*, v. 18, n. 3, p. 395-410, 2009.

CLERK, C. *Estilo Madonna* (trad. Neusa Paranhos). São Paulo: Madras, 2011.

ECO, U. *História da beleza* (trad. Eliana Aguiar). 2. ed. Rio de Janeiro: Record, 2010.

FAUX, D; et. al. *Beleza do Século*. São Paulo: Cosac & Naify Edições, 2000.

HAAPARANTA, L. "Charles Peirce and the Drawings of the Mind". *Histoire Épistémologie Langage*, tomo 16, fascículo 1, p. 35-52, 1994. Disponível em: <http://

www.persee.fr/web/revues/home/prescript/article/hel_0750-8069_1994_num_16_1_2384>. Acesso em: 30 jun. 2013.

JOHNSON-LAIRD, P. N. *How we reason*. New York: Oxford University Press, 2008.

KRIPKE, S. *Naming and necessity*. Oxford: Blackwell publishing, 1981.

LARKIN, J. H; SIMON, H. A. "Why a Diagram is (sometimes) worth ten thousand words". *Cognitive Science 11*, p. 65-99, Carnegie-Mellon University, 1987.

LAURO, M. M. "A razão áurea e os padrões harmônicos na natureza, artes e arquitetura". *Exacta*, v. 3, p. 35-48, São Paulo, 2005.

MACHADO, I (org.). *Semiótica da cultura e semiosfera*. São Paulo: Annablume/Fapesp, 2007.

MCLUHAN, M; POWERS, B. *The Global Village. Transformations in World Life and Media in the 21st Century*. Oxford: Oxford University Press, 1989.

O'BRIEN, L. *Madonna 50 anos. A biografia do maior ídolo da música pop* (trad. Inês Cardoso). Rio de Janeiro: Nova Fronteira, 2008.

PEIRCE, C, S. *Semiótica* (trad. José Teixeira Coelho). 4. ed. São Paulo: Perspectiva (Estudos; 46), 2012.

PINKER, S. *Do que é feito o pensamento. A língua como janela para a natureza humana* (trad. Fernanda Ravagnani). 1 ed. São Paulo: Companhia das Letras, 2008.

STJERNFELT, F. "Diagrams as centerpiece of a Peircean epistemology". *Transactions of the Charles S. Peirce Society*, vol. 36, n. 3, 2000. Disponível em: <http://www.jstor.org/discover/10.2307/40320800?uid=3737664&uid=2&uid=4&sid=21102379800127>. Acesso em: 3 abr. 2015.

VIGARELLO, G. *História da beleza. O corpo e a arte de embelezar, do renascimento aos dias de hoje* (trad. Léo Schlafman). Rio de Janeiro: Ediouro. 2006.

Capítulo 7

Diagramas semióticos: matrizes do pensamento gráfico de Eisenstein – Breno Morita

O grafismo e o pensamento em ação

Peirce (1839-1914), com sua teoria dos grafos existenciais, estabeleceu um método visual com vias de capturar aspectos do pensamento diferente daqueles da estrutura linear da linguagem dos matemáticos. Para ele o interesse do matemático orienta-se essencialmente para a resolução de problemas; ao passo que, para o lógico, o que interessa são as etapas do pensamento, seu processo (Peirce, 2000, p.175). Peirce compara o pensamento enquanto processo a um labirinto, em que caminhos são descobertos na medida em que são percorridos.

Interessado na dimensão operacional do pensamento, Peirce propõe um conjunto de notações e regras em três partes (alfa, beta e gama) chamados grafos existenciais. Na base deste seu interesse pelo grafismo e pelo pensamento diagramático podemos encontrar a busca por uma linguagem que favoreça a visualização do pensamento em movimento, ressaltando como qualidades fundamentais a relatividade e o movimento.

Este interesse em favor do dinâmico e do processual aparece também nos escritos de outro teórico, o cineasta Eisenstein (1898-1948). Tanto Eisenstein quanto Peirce encontram no pensamento gráfico uma forma de privilegiar a qualidade movente do pensamento. O pensamento gráfico apresentado por Eisenstein encontra-se inscrito no contexto mais amplo de seu método de produção cinematográfica.

Nesta tarefa de situar o pensamento gráfico no contexto da teoria da montagem de Eisenstein, vale reforçar o apontamento de que essa noção de montagem perpassa toda sua produção prática e teórica. Permeando seus artigos e anotações da década de 1920 até sua morte, em 1947. Isso implica que tal conceito não existe de maneira fixa e acabada, mas transforma-se e adapta-se na medida em que deslocam-se suas discussões, práticas e interesses. Seguindo o caminho de uma generalização em direção a especificidades, partiremos do par *representação* e *imagem*, até chegarmos a modos específicos do pensamento gráfico no cinema.

Representação e imagem

O conceito de imagem em questão deriva da seguinte formulação: "sempre que lidamos com a justaposição de dois fatos, dois fenômenos, dois objetos (…) automaticamente combinamos os elementos justapostos e os reduzimos a uma unidade" (Eisenstein 2010c, p.297). Esse mecanismo refere-se à maneira pela qual da justaposição de dois ou mais elementos, origina-se um outro, qualitativamente diferente (Eisenstein, 2010c, p.297). No binômio representação-imagem, as representações (às vezes referidas por Eisenstein como representações parciais) correspondem aos elementos de montagem, enquanto que a imagem (também chamada de imagem geral de um tema), corresponde ao resultado da montagem.

Essa transformação qualitativa fundamental diz respeito à diferença ontológica destes conceitos. O primeiro existe como signo, no caso específico do cinema, resultante do encontro entre objeto e emprego da técnica cinematográfica (tipos de lentes, modos de enquadramentos, de movimentos de câmera, etc); o segundo, a imagem, enquanto interpretante, resultado da percepção do espectador enquanto processo criador. Em outras palavras, representação é aquilo que é usado como elemento de montagem na obra e irá provocar o sentido no espectador, ao passo que a imagem é aquilo que se produzirá na percepção do espectador enquanto síntese daquelas representações parciais.

Representação e imagem são momentos diferentes de um processo dinâmico que incluem produção e percepção de uma obra de arte. É neste contexto que Eisenstein propõe a seguinte formulação:

> A tarefa a qual ele [o autor] se defronta é transformar esta imagem em algumas *representações parciais* básicas que, em sua combinação e justaposição, evocarão na consciência e nos sentimentos do espectador, leitor ou ouvinte a mesma imagem geral inicial que originalmente pairou diante do artista criador (Eisenstein, 2002c, p.310)

Eisenstein advoga que para melhor alcançar a consciência e o sentimento do espectador, um autor não deve se limitar à capacidade técnica do aparelho cinematográfico em registrar um determinado tema. O objetivo do autor deve ser o de produzir no espectador, por meios de uma série de provocações e representações parciais, uma imagem geral.

Um exemplo desse tipo de construção é oferecido por meio da ilustração de Mstislav Dobuzhinski, *Idílio de outubro*, publicado na revista "Zhupel" em 1905. A imagem satírica refere-se a um manifesto emitido por Nicolau II que garantia direitos civis oriundos de um parlamento eleito indiretamente, cujo poder executivo seria exclusivamente dele. A análise de Eisenstein tanto sugere uma trajetória do olhar do espectador baseada na composição da imagem, quanto elenca os elementos que constituem a imagem.

Eis os elementos conforme destacados por Eisenstein: uma poça de sangue; uma boneca com olhos saltados; uma galocha de borracha; par de óculos; uma janela rachada com um buraco de bala; papel colado na parede (em formato de cruz); um hidrante que espacialmente alinha-se a uma árvore, em que estão penduradas bandeiras com as cores do regime czarista; situada em uma rua sem nenhum pedestre (Eisenstein, 2010a).

Unindo todas essas representações parciais oferecidas por Dobuzhinski, Eisenstein monta a seguinte imagem geral:

> 6. A partir desse momento, a poça de sangue torna-se a imagem da dispersão de uma manifestação. A boneca, a galocha e os óculos são imagens de extremidades etárias da multidão que foi cruelmente dispersada: falam sobre crianças e pessoas velhas, dentre as quais, mentalmente imaginamos, adultos, jovens, mulheres. O buraco de bala na janela é a imagem da natureza pacífica e inocente da manifestação, cujos participantes acreditavam na 'liberdade' prometida pelo manifesto. É um eco do fuzilamento de uma manifestação pacífica de 9 de janeiro. A poça de sangue é uma imagem do pelotão de fuzilamento.
>
> 7. De repente nós interpretamos as folhas de papel, principalmente devido a sua forma: uma cruz. A silhueta típica de uma lápide sobre um túmulo. (Uma dica para essa interpretação é a pequena cruz branca sobre uma caixinha. Isso, eu acho, é seu significado composicional básico, para além da temática óbvia de sua associação à caixa de recebimento da igreja, neste contexto específico).
>
> 8. Se olharmos cuidadosamente para o 'túmulo', parece conter as palavras do notório manifesto. O formato cruciforme das folhas de papel é sua real essência: o túmulo da liberdade, uma cruz colocada sobre o 'sonho doido'.
>
> 9. A rua está repleta com a movimentação de massas de pessoas. Nós vemos a dispersão da manifestação. Nós vemos a represália. Nós vemos homens velhos e crianças. Nós vemos os espectadores pacíficos saindo da janela devido às balas enquanto o incidente – cujo jornal da burguesia costumava chamar de 'distúrbio na via pública' – alcança seu clímax. A cena se dissipa em um

longo plano do idílio como nós o vemos agora. E assim como a lápide daquelas liberdades conseguidas a duras penas, a cena move-se em direção à câmera, enquanto o horror da repressão reacionária subsequente ao notoriamente enganoso manifesto, move-se em direção às nossas mentes e memórias. (Eisenstein, 2010a, p.126-7)

Essa análise, cujo excerto final foi apresentado, evidencia uma das leis subjacentes à teoria da montagem de Eisenstein: a *pars pro toto*. "Pela lei da *pars pro toto* [parte pelo todo], a parte estimula a mente a completar a construção de um certo todo." (Eisenstein, 2010a, p.128). Se a montagem, por um lado, enfatiza a capacidade de síntese de elementos diferentes em um único percepto, a *pars pro toto* enfatiza a capacidade de um único elemento em reportar-se a uma totalidade mais complexa.

Considerando ambas abordagens, a totalidade das representações parciais em uma obra (incluindo a obra cinematográfica) não são necessariamente interpretadas como detalhes sequenciais, como sentenças em um silogismo, mas como peças simultâneas de um todo. Do ponto de vista dessa qualidade sincrônica, *pars pro toto* é uma maneira de compelir a mente a gerar uma imagem sem que ela seja apresentada figurativamente.

Assim, o autor deve decompor o tema geral em diferentes qualidades parciais, afim de que sua respectiva montagem provoque no espectador a imagem generalizada almejada. Focada na qualidade processual, esta concepção implica que autor e espectador percorram um mesmo caminho criativo. É neste contexto que Eisenstein explora o pensamento gráfico: como uma dessas representações parciais, como uma das possíveis qualidades isoladas a serem consideradas pelo autor.

O pensamento gráfico

Para esmiuçar os diferentes aspectos do grafo como elemento de montagem, é necessário considerar as diferentes qualidades ou ordens da montagem. Para Eisenstein, a montagem não é algo que ele está inventado com o intuito de ser aplicado ao cinema, ela é um fenômeno da percepção e uma questão a ser estudada e observada em várias linguagens artísticas. No cinema tal qualidade pode ser encontrada em suas partes técnica e linguística.

Neste sentido, da técnica à linguagem, Eisenstein diferencia as seguintes nuances: a micro-montagem, que se refere ao processo pelo qual a justaposição de uma série de fotogramas de objetos estáticos possibilita a ilusão do movimento dos mesmos; a montagem enquanto justaposição de elementos; a montagem de *intensidade elevada*, orientada para o aumento da cadência rítmica; a montagem de *ordem elevada*, quando se atinge uma dinâmica interna por meio da composição do enquadramento; e a macro montagem, a combinação de várias cenas, compondo a totalidade do filme (Eisenstein, 2010a, p.109).

Cada uma dessas variações abrem-se a diferentes manifestações gráficas. A micro montagem, embora Eisenstein considere, entre outras coisas, a importância da pós-imagem retiniana, teoria científica já descartada nos dias de hoje, possui importantes implicações à totalidade de sua teoria da montagem. Com a micro-montagem, ele reforça a noção de que o cinema funciona no limiar das limitações humanas. A impressão de continuidade e fluxos de movimento que percebemos no cinema só é possível mediante uma precisão técnica (na época os vinte e quatro frames por segundo).

Desacelerando o ritmo desses fotogramas, se pode, tecnicamente e com relativa facilidade, corromper a continuidade da representação visual do movimento. Com isso, Eisenstein enfatiza o fato crucial de que, embora o movimento aparente possa ser rompido, isso não impede a capacidade mental em perceber a generalização da imagem do movimento. Retomando os termos discutidos anteriormente: ainda que cada fase do movimento seja oferecida apenas na forma de representações (parciais), nossa percepção ainda assim é capaz de construir uma imagem (geral) do movimento.

Conforme veremos adiante, o grafismo no cinema passa também por essa discussão: daqueles que se inscrevem visualmente, mais figurativos, como contorno dos objetos, fruto das relações entre áreas de luz e sombra, texturas, volumes, cores; até grafismos menos visíveis, como rastros de movimentos de um corpo ou gesto. Além disso, inclui-se ainda o caminho percorrido pelo olhar do espectador em cada uma dessas situações, tanto no interior de uma tomada ou na relação entre diferentes tomadas, sucessivas ou não. Além dessas, do ponto de vista da audiovisualidade do cinema, o grafismo contempla também o campo aural (relativo ao som).

Gráfico como linha de contorno

Das maneiras de se pensar a qualidade gráfica no cinema, a mais elementar talvez seja aquela cujas linhas são construídas pela composição do plano. Essa construção formal do enquadramento em relação ao tema pretendido é o que Eisenstein chamou de *mise-en-cadre* (derivado da noção de mise-en-scène).

No contexto da construção gráfica por meio da disposição dos elementos formais no quadro, Eisenstein sugere dois polos, sendo possível diferentes gradientes entre eles. O pictórico, que diz respeito à qualidade figurativa da linha: o desenho do contorno dos objetos, sua silhueta, aquilo que torna possível reconhecer o que é filmado. E o metafórico, referente às inflexões que cada objeto pode ganhar em função de sua posição e figuração dentro do quadro.

O gráfico em sua qualidade pictórica pode servir a vários fins. Em *dramaturgia da forma do filme*, a pretexto da importância do conflito na construção cinematográfica, Eisenstein oferece diferentes possibilidades de elaborações gráficas. Para ilustrar, pode-se tomar o exemplo dado como conflito gráfico (Figura 1). Além disso, a construção gráfica como contorno pode ser usada como maneira de construir determinadas qualidades abstratas por meio de reiterações plásticas; como é o caso da cena, ao final do filme Alexander Nevsky, em que a personagem feminina pede para o príncipe decidir seu destino (Figura 2).

Figura 1   Figura 2

No primeiro caso tem-se a figuração dos soldados graficamente pela projeção de suas sombras na escadaria; e no segundo, a arquitetura por trás dos personagens desenha um recorte distinguindo a relação entre os personagens. A personagem feminina, pedindo abrigo na sabedoria do príncipe, aparece menor e como que confinada em um espaço escuro; ao passo que a figura do príncipe é maior e ocupa a parte clara da arquitetura, que acolhe a área escura ocupada pela consulente.

O caso da qualidade abstrata do grafismo pode ser estudada também por meio do exemplo dado por Eisenstein em seu artigo *montagem 1937* (Eisenstein 2010b): o enquadramento de um barricada. Em termos figurativos, as duas opções correspondem aos mesmos objetos, mas do ponto de vista de suas qualidades abstratas, uma é mais expressiva da condição de luta que a outra (Figuras 3 e 4).

Figura 3   Figura 4

Eisenstein reforça neste exemplo a importância da composição gráfica na orientação qualitativa da imagem geral almejada. Ele ressalta as diferenças em cada um desses exemplos do conflito gráfico entre as linhas dos prédios e da barricada; da barricada e da bandeira fincada nela; do próprio desenho da barricada; e da inversão, por meio puramente compositivo, da posição da placa de um estabelecimento, que apesar de se encontrar sobre sua porta, no segundo enquadramento está numa posição inferior.

> Em um sentido figurativo, objetivo, naturalista, eles são idênticos.
> Onde resta a diferença entre eles? A diferença está na colocação compositiva dos elementos figurativos. (…)
> Seus elementos compositivos estão dispostos de maneira que cada um deles é lido como uma metáfora, e a somatória de todos eles é lida como a imagem da luta, isto é, como uma imagem generalizada do conteúdo interno daquilo que é representado no rascunho. De fato:
> Se tomarmos o plano da casa e o plano da barricada, nós vemos que na fig. 2.5 [fig.3], elas estão simplesmente justapostas. Na fig. 2.6 [fig.4] o plano da barricada corta a parede das casas.
> Se olharmos para a linha na base da barricada, nós veremos que na fig. 2.6 [fig.4] (diferente da fig. 2.5 [fig.3]) essa linha corta o leito da rua.
> Se seguirmos a linha da borda superior da barricada na fig. 2.6 [fig.4] nós vimos que isso é mostrado como uma linha com reentrâncias, que parece evocar as fases da luta: cada pico do contorno espetado é um ponto de conflito na fortuna cambiante de cada um dos lados opositores. (…)
> A bandeira corta o céu em um característico ângulo agudo.
> Por fim, na fig. 2.6 [fig.4], o suprassumo na metáfora é alcançado no posicionamento da placa da loja, com seu pretzel estilizado. Aí, o que normalmente é visto sobre nós, foi trazido para baixo: a placa de pretzel foi colocada ao nível do pé da barricada, neste caso mostrando não a placa da padaria posta fisicamente no chão, sob a barricada, mas puramente por meios composicionais.

> A distinção entre esses dois exemplos está no fato que no primeiro rascunho a placa não pode ser interpretada em nenhum nível além do naturalista, ao passo que o subtexto da segunda placa de pretzel é lido como uma placa posta a baixo, mas como uma subversão: aquilo que estava por cima, agora está por baixo. E nós somos postos a adotar essa leitura metafórica pelo fato de que a remoção da placa foi feita não por meio de meios físicos, mas composicionais, isto é, do ponto de vista pelo qual o evento foi observado. (Eisenstein, 2010b, p.25-6)

Com seus exemplos, Eisenstein enfatiza a importância dos meios imaginativos em detrimento da literalidade da imagem. Isso permeia também seus filmes. Em Alexander Nevski, por exemplo, a composição gráfica desenhada pelo horizonte no começo do filme aparece de duas maneiras diferentes. Quando há caveiras no chão, o horizonte é todo ondulado, retomando a imagem sugerida por Eisenstein em relação à barricada, como uma espécie de gráfico de batalha, com subidas e descidas (Figura 5). Em momento posterior, quando representado tempos de paz, o horizonte é uma linha reta (Figura 6).

Figura 5 Figura 6

Nestes casos, o elemento gráfico diz respeito à linha de contorno que separa o céu e a terra. Este elemento inscreve-se no recorte da montagem dentro de um mesmo plano. Enquanto elemento de montagem, entretanto, este não é sua única forma, ele também pode ser utilizado na relação entre dois ou mais planos. Como no caso da sequência das estátuas de deuses no filme *Outubro* (Figuras 7 e 8). A justaposição do contorno de um plano, em relação ao contorno do plano seguinte, sugere também um terceiro sentido: o de explosão (Eisenstein, 2010e, p. 168-74).

Figura 7   Figura 8

Gráfico como registro de movimento

Outra forma de se projetar linhas no espaço é por meio da notação gráfica do movimento, isto é, no desenho que o deslocamento traça no espaço percorrido. Nesta formulação há duas perspectivas a serem consideradas. A partir do gesto e do movimento dos corpos pela superfície da tela; e outro mais sutil e mais especulativo, a partir do deslocamento do olhar do espectador pela superfície da tela. Tanto um quanto outro são tomados por Eisenstein como elementos gráficos a serem considerados do ponto de vista da construção da imagem generalizada de um tema.

São múltiplas as possibilidades da construção de sentido pela gestualidade. Para Eisenstein, a capacidade expressiva da gestualidade antecede a experiência verbal humana, servindo, sobretudo na arte, como importante elemento constitutivo. Em *Montagem 1937* (Eisenstein, 2010b, p.11-58) ele oferece um caminho possível para uma compreensão mais afinada do que seria um "sentido gestual primitivo de um termo". Tomando como exemplo a aversão, ele propõe o seguinte procedimento para se buscar sua gestualidade primitiva: elencar o maior número possível de variantes da aversão para então, entre elas, buscar sua invariante.

> Aversão leve e aversão absoluta. Da careta à náusea. Aversão física e aversão moral. Aversão em diferentes épocas e aversão na mais ampla variedade de circunstâncias. Deixe o leitor imaginar essas expressões ocorrendo realmente diante dele. Deixe o mentalmente experimentar e expressar fisicamente tais instâncias diversas de aversão.
> É uma legião de variações de expressão.
> Toda essa legião, entretanto, pode ser reduzida a um denominador comum. Sua multiplicidade é um conjunto de variantes baseadas em um mesmo esquema básico, que irá permear todas as instâncias e variedades.

> Além disso, qualquer movimento que não esteja ligado a essa espinha dorsal ou não corresponda a este esquema nunca será lido como aversão. Qual é esse denominador comum? (Eisenstein, 2010b, p. 22)

Para responder a essa pergunta, Eisenstein recorre à origem etimológica da palavra que, segundo ele, vem do latim: "a-vertere = virar-se ao lado oposto" (Eisenstein 2010b, p.22). Assim, o movimento básico que encarna todas as expressões de aversão é o afastar-se. Qualquer que sejam as variantes, todas terão como invariante o movimento de afastamento, de repulsão. Assim ele conclui:

> O que isso mostra? Que o termo em si, convertido a partir de seu sentido figurativo metafórico de volta ao movimento físico que era o protótipo de sua atitude psicológica correspondente – retornando, na verdade, a seu sentido motor primário – vem a conter a fórmula exata, ou esquema, que caracteriza de igual maneira todos os diferentes matizes de sentidos e que também serve como sua designação geral. (Eisenstein, 2010b, p.23)

Com este exemplo, Eisenstein procura mostrar que na base daquilo que a palavra é capaz de expressar, existe uma componente de experiência física que, antes da possibilidade do emprego das palavras como meio de expressão, era expresso por meio do corpo. De maneira geral, o que aparece como elemento comum a esses diferentes campos é sua componente gráfica (enquanto rastro de movimento).

Expandindo esse grafismo de um gesto para um corpo maior, passemos dos exemplos da escala de um corpo para a escala de vários corpos. Pensando a encenação teatral de uma passagem do livro *Père Goriot*, de Balzac, Eisenstein escolhe o trecho em que Vautrin, no momento de sua prisão, esbraveja um discurso acusatório. Para maior concisão, retomemos a síntese desse trecho oferecida por Eisenstein:

> Anteriormente, antes da polícia aparecer, Vautrin era Monsieur Vautrin, o mais rico e mais respeitado dentre os inquilinos de Madame Vauquer. Ele era carne da carne e sangue do sangue daquela "respeitável" sociedade da qual todos os desagradáveis habitantes daquela casa também pertenciam.
> A polícia aparece. A máscara cai (ou melhor, a peruca!). Vautrin é exposto: ele é Jacques Collin, um detento foragido. Ele foi expulso do círculo das pessoas respeitáveis. Nos últimos momentos, antes de ser levado pelos policiais, ele se desgarra e esbraveja uma provocação para a sociedade que o afastou. Ele acusa aquilo. Neste momento, os inquilinos da Madame Vauquer – este pequeno grupo de pessoas – representam toda a sociedade burguesa. Vautrin

se opõe a isso com toda sua força e coragem. Ele sozinho é contraposto à sociedade e a combate. Aquilo não é mais que ele, um criminoso. É igualmente repleto de pessoas vis, e assim por diante. (Eisenstein, 2010b, p.19)

Retomando a proposição de Eisenstein a seus alunos, como montar isso no teatro? Ele cita cinco diferentes respostas dadas por seus alunos. Em uma delas, Vautrin, tendo se soltado dos polícias, sobe irado em uma mesa (figura 9) e esbraveja apontando para todos os outros que ficam ao seu redor olhando para ele. Nas outras quatro respostas diferentes (figura 10), Vautrin, se desgarrando da polícia, ora sobe uma escadaria enquanto grita suas acusações (A), ora pula no fosso da orquestra (B) enquanto o restante fica em um nível acima e nas outras duas respostas (C e D) Vautrin corre para diferentes cantos, afastando-se do grupo (Eisenstein 2010b, p.17-8). Eis suas ilustrações conforme presentes em Montagem 1937:

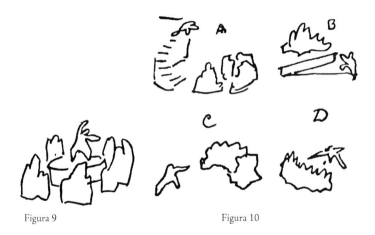

Figura 9   Figura 10

Assim como o caso das barricadas, nenhuma delas está errada de um ponto de vista naturalista: todas as opções são aceitáveis. Entretanto, enquanto esquemas gráficos, elas são expressivamente diferentes.

> Se olharmos para a fig.2.2 [fig.10] (mostrando as versões A, B, C, D da cena de Vautrin) sem saber do que se trata, uma coisa é absolutamente clara: uma certa unidade é contraposta a uma certa massa (ou grupo de unidades). (...) [Se olharmos para a fig.9] Você pode lê-la de várias maneiras: como um pai benevolente abençoando seus filhos obedientes, ou como um grupo de pessoas lançando-se contra um criminoso por todos os lados, mas de maneira

alguma como um grupo fechado opondo-se a um indivíduo ou vice-versa (Eisenstein, 2010b, p.20-1)

Essa diferença na disposição dos corpos é o que Eisenstein chama de esquema ou representação gráfica. Para se alcançar expressividade, "é necessário que sua estrutura possua também um esquema gráfico de uma leitura metafórica que defina o conteúdo psicológico da cena e da interação entre as personagens." (Eisenstein 2010b, p.20).

Assim, para ele, entre as possibilidades de atuação deste trecho, a melhor, do ponto de vista da expressividade, é aquela cujo movimento das personagens no palco reforce a oposição entre Vautrin e os outros inquilinos. Essa disposição é o que Eisenstein chama de esquema gráfico: um conteúdo abstrato que expresse o conteúdo principal da cena, no caso a oposição entre o indivíduo e o grupo.

Na passagem desse pensamento gráfico do teatro ao cinema, o que também poderia ser colocado como a passagem da *mise-en-scène* para a *mise-en-cadre*, Eisenstein destaca a importância da mudança de planos de uma linguagem em relação à outra. O plano horizontal do palco teatral desloca-se para a verticalidade da tela de projeção do cinema. O deslocamento dos corpos na mise-en-scène teatral, passa a corresponder à composição gráfica de uma tomada: encaminhando-se ao "olho dando um passeio" no plano da tela. (Eisenstein, 2010b, p.21-2)

Essa ênfase na superficialidade da tela implica mudanças na maneira de se pensar a construção e a apreensão dos elementos do quadro. Esta configuração considera a continuidade linear do "olho dando um passeio" como a projeção gráfica no espaço. Estabelecendo assim a relação entre movimento/gestualidade e pensamento gráfico.

Audiovisualidade e o grafismo no campo sonoro

Desde o começo do cinema sonoro, anteriormente a seus dois únicos filmes sonoros (Alexander Nevski e Ivan, o terrível), Eisenstein e outros cineastas já demonstravam interesse e preocupação em relação ao uso do som no cinema. Sem esconder seu descontentamento com a submissão do som a simples tarefa de sonorização daquilo que as imagens já ofereciam, Eisenstein propôs pensar o som como mais um elemento de montagem.

Junto a Prokofiev, Eisenstein trabalhou em seus filmes outras maneiras de se pensar o emprego do som em relação à construção visual dos filmes. Assim, para cada imagem geral que ele busca construir, trabalha tanto a composição gráfica do plano quanto o campo sonoro como representações parciais para impulsionar o sensorial do espectador em direção àquilo que almejava (Eisenstein, 2010d).

Sem percorrer o caminho de regras pré-definidas sobre como expressar tristeza ou alegria, Eisenstein propõe ritmo e gestualidade como denominadores comuns entre som e imagem para estabelecer relações entre o gráfico e o sonoro. Sendo, do ponto de vista da audiovisualidade, que é apresentado aqui o pensamento gráfico no campo sonoro.

Em análise do filme Alexander Nevski, Eisenstein exemplifica modos de se pensar a dimensão gráfica do campo sonoro. Ao conversar com Prokofiev sobre suas intenções, buscaram para cada cena do filme alcançar determinados ritmos e movimentos específicos, visual e sonoramente, de maneira a montá-los emocionalmente.

Negando a existência de correlações físicas fixas entre cor e sentimento, e entre som e imagem, a estratégia adotada por Eisenstein é a da construção de sentido, ou seja a de construção de linguagem. Tecnicamente, o que ele fazia era estabeler, por meio das construções gráficas e do sincronismo entre o aural e o visual, certas relações entre qualidade emocionais construídas ao longo do filme e respectivas formulações gráficas e sonoras.

Esse mecanismo foi analisado por ele a propósito da cena que antecede a batalha no gelo no filme Alexander Nevski. A propósito da construção de tensão na véspera da batalha, Eisenstein e Prokofiev correlacionam o ritmo sonoro ao ritmo visual no intuito de criar uma tensão crescente ao espectador nos momentos que antecedem a luta crucial entre os soldados russos e os invasores germânicos.

Para isso Eisenstein estabelece uma tradução do movimento musical em movimentos gestuais que são então montados de maneira a reforçar os esquemas e ritmos gráficos da sequencia de planos. Eis seu esquema gráfico da relação entre os campos sonoros e visuais (Figura 11) (Eisenstein, 2010d).

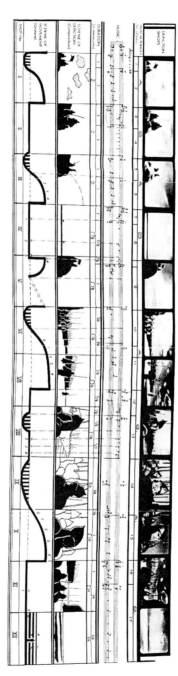

Figura 11

Relatividade e movimento

O pensamento gráfico proposto por Eisenstein está inserido no contexto de suas proposições sobre a linguagem cinematográfica. Neste artigo foram destacados dois mecanismos essenciais a sua compreensão: a lei da parte pelo todo (*pars pro toto*), isso é, a maneira como um único elemento pode remeter a um conjunto maior, como visto na ilustração de Dobuzhinski em relação à boneca, aos óculos e a galocha; e a lei da montagem, segundo a qual, dois ou mais elementos distintos são percebidos como uma única totalidade.

Assim, da micro à macro montagem, Eisenstein ressalta a capacidade do cinema em operar no limiar das limitações humanas. Tal condição é investigada por ele do ponto de vista da construção de uma obra artística capaz de afetar seu público tanto racional quanto afetivamente por meio tanto de estruturas de lógica racional (argumentos), quanto por meio de uma lógica cognitivo-sensorial (movimentos e gestualidades).

O *movimento* é visto como a nascente do pensamento gráfico, quer seja o movimento de um corpo, quer seja dos olhos que varrem a tela de cinema. Por conta disso, Eisenstein aponta a importância da conscientização do autor sobre como elaborar graficamente os temas objetivados. Seja via uma análise etimológica, seja via proposições mais subjetivas (como o caso da gestualidade de uma determinada música, que pode ser estudado em Alexander Nevski), o autor deve saber construir as relações que ele aspira a cada movimento gráfico (não se pautando a regras pré estabelecidas).

A construção diagramática no cinema admite ao menos três possibilidades. Como contorno, podendo ser mais puramente pictórico, exercendo apenas função figurativa; um misto de semi-pictórico e metafórico; e metafórico, remetendo a conceitos mais abstratos, como a paz, ou a luta. O gráfico também pode existir como rastro de movimento, incluindo desde a técnica de atuação do ator e seu deslocamento pelo espaço; passando pelos diferentes possibilidades de enquadramentos e movimentos de câmera, até a totalidade de movimentos no filme como um todo. Por último, a própria expressão sonora pode ser considerada de um ponto de vista gráfico na medida em que for trabalhada ritmicamente por meio de montagens audiovisuais.

Por fim, essa aproximação de proposições tão díspares quanto Peirce e Eisenstein reforça certas qualidades do pensamento diagramático. Em ambos há um interesse na valorização do processo e das relações dinâmicas entre as partes. Esse interesse traduz-se no destaque dado à simultaneidade como modo de percepção. Em oposição a fórmulas aprioristícas, há um interesse no processo labiríntico de criação em função do desenvolvimento gradual de hipóteses e a possibilidade de se visualizar o rastro do pensamento e com isso sua qualidade cinética.

Referências

EISENSTEIN, S. Laocoön. *Towards a theory of montage* (Trad. Michael Glenny). Nova Iorque: I. B. Tauris, 2010a.

_____. "Montage 1937". *Towards a theory of montage* (Trad. Michael Glenny). Nova Iorque: I.B. Tauris, 2010b.

_____. "Montage 1938". *Towards a theory of montage* (Trad. Michael Glenny). Nova Iorque: I.B. Tauris, 2010c.

_____. "Vertical montage". *Towards a theory of montage* (Trad. Michael Glenny). Nova Iorque: I.B. Tauris, 2010d.

_____. "Dramaturgy of film form". *Writtings (1922-1934)* (Trad. Richard Taylor). Nova Iorque: I.B. Tauris, 2010e.

PEIRCE, Charles Sanders. *Semiótica*. São Paulo: Editora Perspectiva, 2000.

Capítulo 8

Relações diagramáticas na montagem sonoro-visual em *Naqoyqatsi*, de Godfrey Reggio – Marcia Ortegosa

Formulações iniciais

> O cinema, pela pura aceleração mecânica, transportou-nos do mundo das sequências e dos encadeamentos para o mundo das estruturas e das configurações criativas (McLuhan 2001, p. 26).

A reflexão nesse ensaio parte da busca de como se configura as relações sonoro-visuais diagramáticas da montagem no filme *Naqoyqatsi* (2002). O filme do diretor americano Godfrey Reggio, completa o projeto de filmes da trilogia *Qatsi* – vida na língua indígena Hopi. O primeiro filme da série foi *Koyaanisqatsi* (1983) – Vida em desequilíbrio –, seguido por *Powaqqatsi* (1988) – vida em transformação – encerrando com *Naqoyqatsi* – vida em guerra.

Os três filmes – experimentações audiovisuais de caráter documental – são guiados pelo movimento sonoro plasmado ao imagético. *Naqoyqatsi* foi produzido através da compilação de um banco de imagens de arquivos em uma montagem que alterna manipulação digital e criação por computação gráfica. As questões rítmicas da montagem constituem um dos eixos condutores da análise já que em sua estrutura, uma colagem de dados essencialmente musical, os elementos visuais e sonoros estão intrinsicamente correlacionados constituindo um diagrama de relações em diversos níveis.

Os diversos níveis de informação processados na montagem do filme *Naqoyqatsi* estão modelizados por uma sincronização interna de relações dinâmicas, espaço da multidirecionalidade, do fluxo contínuo do movimento e de um *continuum* espaço-tempo na imagem-som-movimento (figura 1).

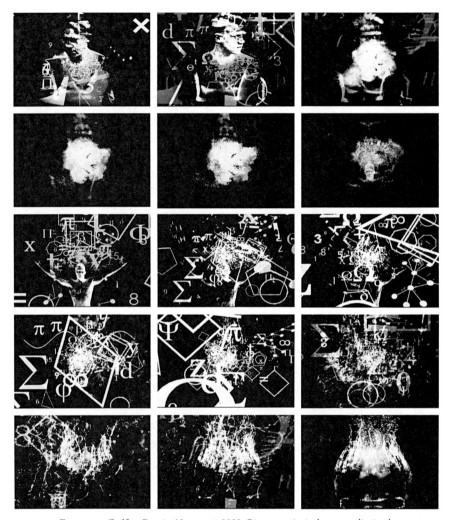

FIGURA 1 - Godfrey Reggio: *Naqoyqatsi*, 2002. Oitava sequência da peça audiovisual.

Pensar o universo das estruturas no filme de Reggio nos leva a um entendimento da audiovisualidade e suas relações diagramáticas, como imersão a esse mundo coeso, cósmico, sensorial, sinestésico, que processa cruzamentos de sentidos. A percepção sensorial transmite muitas vezes a sensação de uma fusão do sentido sonoro ao visual no movimento fílmico que nos direciona a um diagrama de relações multidirecionais no fluxo da montagem. A reflexão no presente ensaio insere uma prática do diagrama a partir da montagem vertical do teórico Sergei Eisenstein.

Alguns pontos sobre a montagem vertical

Eisenstein (1990[a], p. 77-85; 2002), em 1929, escreveu o ensaio *Métodos de montagem*, onde formula uma tipologia de montagem das diferentes "categorias formais" (*métrica, rítmica, tonal, harmônica* ou *atonal*) com uma gama de variantes de tensão através das relações de conflito. Depois da montagem métrica, na elaboração das outras categorias de montagem, Eisenstein observa inter-relações entre todas, de modo que a precedente tece nexos com a sucessora e assim por diante, numa elaboração de um pensamento em níveis cada vez mais complexo. Assim, no pensamento de Eisenstein, as categorias estão todas imbricadas umas as outras, embora, em sua época, o cineasta considerasse até raro elas todas aparecerem juntas num único filme. Conforme seu pensamento, "Essas quatro categorias são métodos de montagem. Elas se tornam construções de montagem propriamente ditas quando entram em relações de conflito umas com as outras" (Eisenstein, 1990a, p. 81).

Na montagem métrica, o conflito tem critérios matemáticos, ligados à duração (comprimento) e à aceleração dos planos. Na montagem rítmica, o conflito da métrica (sem que haja necessariamente correspondência mecânica do comprimento) com o conteúdo do plano, além do seu movimento interno, é o que impulsiona o externo (entre os quadros). A montagem rítmica leva também em consideração o movimento do olhar do observador, percorrendo as linhas compositivas de um objeto estático.

Na montagem tonal ou melódica, ocorre conflito rítmico e tonal. O movimento é percebido de modo mais complexo do que na montagem rítmica. A "tonalidade da luz" (Eisenstein, 1990a) e do som o cineasta chama "dominante tonal básica"(1990a, p. 80), sugerindo um movimento de vibração (oscilação), num fragmento provocado pela variação da luz e do som sem afetar mudanças espaciais. A montagem se organiza estabelecendo graus, matizes de diversos elementos: formas, cores, sons, luzes, frequências, intensidades, entre outros, mas considerando sempre a dominante. A montagem tonal pode estar em contraponto com o movimento rítmico, ou seja, "dominante rítmica secundária" (1990a, p. 81), que gera, ao contrário, não somente a vibração de um elemento, mas a mudança espacial, de lugar.

Na montagem atonal ou harmônica (conflito entre o tom principal e uma atonalidade), Eisenstein a define como a mais sofisticada. Nesse caso, a questão da "dominante" está relativizada e o cineasta a considera como central, mas não o único estímulo no plano, ou seja, os estímulos secundários adquirem importância vital nas relações da montagem. Levam-se em conta a textura, a luz, a temática, em outras palavras, "o estímulo central é conseguido sempre através de todo um complexo do processo secundário, ou fisiológico, de uma atividade altamente nervosa" (Eisenstein, 1990a, p. 72).

Em sua teoria da montagem, Eisenstein associa as diversas vertentes rítmicas, desde o comprimento do plano até a variação tonal da imagem, às vibrações que emanam. Na música, a vibração dos tons principais produzem tons secundários que também vibram, os quais são chamados harmônicos. Se na acústica essas vibrações colaterais se tornam meramente elementos "perturbadores", essas mesmas vibrações, na música – na composição –, tornam-se um dos mais significativos meios de causar emoções utilizados por compositores experimentais do século XX, como Debussy e Scriabin (Eisenstein, 1990a). A vibração relaciona-se à energia rítmica de ressonância harmônica.

A vibração dos harmônicos – "elementos perturbadores" na acústica – nessa montagem sistêmica culmina como um momento altamente inventivo. Desse modo, toda estimulação do plano gerada na colisão e combinação consiste numa complexa relação na montagem atonal, que, nas palavras de Eisenstein (1990a, p. 72), deve tornar o "quadro cinematográfico um ideograma multissignificativo."

Eisenstein, ao associar a imagem a essas "vibrações colaterais" ou secundárias e fisiológicas – na própria natureza da ótica –, apresenta-nos exemplos dos conflitos criados através das aberrações visuais nas diversas distorções das lentes, que incidem diretamente nos estímulos centrais, formando um "complexo harmônico-visual do plano" (Eisenstein 1990a). Assim, o sonoro-visual coexiste com essa gama de estímulos – elementos "perturbadores" – que colidem na montagem.

Outra vertente da atonal é denominada por montagem intelectual ou atonalidade intelectual (conflitos de justaposições adjacentes, nos quais a colisão gera o conceito mediante associações intelectuais) (Eisenstein, 1990a). Essa montagem trabalha a justaposição dos fragmentos e de modo intelectual chega ao conceito. Se a montagem atonal harmônica leva em conta a fisiologia, ou seja, o funcionamento das relações sonoras e visuais, a atonal intelectual considera, além do complexo das vibrações totais (dominantes e secundárias), também as associações conceituais a partir do conflito e da justaposição.

Eisenstein, no ensaio escrito em 1940, intitulado *Sincronização dos Sentidos*, concebe a montagem polifônica ou vertical (Eisenstein, 1990b; 2001b). O cineasta complexifica seu pensamento ao estruturar as concepções sobre a montagem vertical ou polifônica a partir do amadurecimento reflexivo das categorias de montagens citadas anteriormente.

A partir do que Eisenstein chama "sincronização interna", este formula a montagem estruturada num "complexo sistema de combinações" e conflitos, na geração de intercorrespondências entre diversos elementos das linhas da imagem e das linhas do som. Tendo por base todas as categorias de montagem já estabelecidas a priori, o cineasta situa que a sincronização "pode ser inerente, métrica, rítmica, melódica e tonal" (Eisenstein, 2001b, p. 130, tradução nossa).

As relações na montagem vertical se dão no nível horizontal, tanto da imagem quanto do som em sentidos opostos. Ao colocar em simultaneidade as camadas imagético-sonoras nos planos horizontais e verticais, traça também relações de embates na montagem, de modo a compor um verdadeiro diagrama multidirecional. Assim, a montagem vertical ou polifônica – como a partitura de diversos instrumentos numa orquestra – procura ressaltar uma estrutura configurada por linhas simultâneas, isto é, luz, cor, tema, som, entre outros elementos expressivos de um filme, que se entrelaçam e colidem horizontal e verticalmente, como se pode ler no fragmento.

> Sobre montaje vertical escribimos que la combinación de sonido e imágenes complica el montaje debido a la necesidad de resolver un problema de composición nuevo. Este problema consiste en hallar una clave de congruencia entre una secuencia musical y una secuencia de imágenes; un tipo de congruencia que nos permita combinar 'verticalmente', es decir, simultáneamente, la progresión de cada frase de música en paralelo con la progresión de las unidades gráficas de representación, los planos; y esto tiene que hacerse en condiciones que se observen tan estrictamente como las que combinan imágenes 'horizontalmente', es decir, secuencialmente, plano a plano en el montaje mudo o frase a frase en el desarrollo de un tema musical. Hemos analizado este problema según los principios generales de correspondencia entre los fenómenos visuales y auditivos, así como los problemas de la relación de fenómenos visuales y auditivos con emociones particulares (Eisenstein, 2001b, p. 168).

A simultaneidade gera um entrelaçamento complexo, formando correspondências internas e promovendo uma sincronização do bloco sonoro-visual. Não se trata de um mero sincronismo externo. A sincronização externa ou física, segundo Eisenstein (1990b, p. 56), está relacionada ao exemplo da junção entre "lábios e fala". No entanto, para o cineasta russo, a sincronização não envolve necessariamente coincidência, pois a execução dos movimentos simultâneos de linhas, da imagem e do som, pode ser correspondente e não correspondente (figura 2).

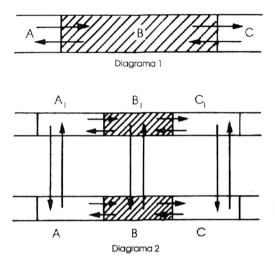

Figura 2 – Diagramas de relações verticais e horizontais de imagem e som de Eisenstein (Eisenstein, 1990b, p. 54)

Nessa perspectiva, ao falarmos de intercorrespondências de linhas em contraponto, convém destacar que, segundo Eisenstein (1990a), a sincronização não está implicada necessariamente em uma espécie de coincidência entre som e imagem. Ao contrário, o contraponto orquestral, para o cineasta, visa a promover, de um modo geral, uma não sincronização entre as imagens visuais e sonoras. Eisenstein (1990b, p. 57) entende ainda que "nesta concepção existem plenas possibilidades para a execução de ambos, 'movimentos' correspondentes e não correspondentes."

Portanto, a sincronização a que o cineasta se refere na montagem vertical leva em conta a articulação dos diversos elementos expressivos, tais como: variação cromática, luminância, tonalidade, diversidade sonora, entre outros, na articulação da montagem em colisão. As combinações compositivas inserem o predomínio de algum desses elementos expressivos, tornando-o dominante na montagem e podendo ser determinado de acordo com a necessidade da cena, como fator de conflito entre a linha visual e a sonora num processo de intercorrespondências constantes.

A montagem vertical e suas intercorrespondências multidirecionais em vários níveis nos arremessa em direção ao pensamento diagramático, e este é concebido a partir da experiência. Os diagramas apresentados anteriormente de Eisenstein preveem o contraponto das linhas verticais e das horizontais. A organização da montagem em linhas simultâneas e em contrastes no sentido horizontal em interação com linhas que correm em choques e atravessamentos sincrônicos no sentido vertical, cria um campo de forças tensivas em estruturas moventes, multidirecionais, contrapontísticas.

Eisenstein (1990b, p. 54) explica que, "para fazermos um diagrama do que ocorre na montagem vertical, devemos visualizá-la como duas linhas, tendo em mente que cada uma dessas linhas representa todo um complexo de uma partitura de muitas vozes." Para pensar a montagem, Eisenstein (2001b) sugere modelos de diagramas multidirecionais que acentuam a composição fílmica. Assim, o cineasta cria um método de montagem que leva em conta a composição visual e a composição sonora. Os equivalentes sonoro-visuais, de acordo com Eisenstein, podem ser observados na estrutura gráfica da obra, que, para ele, ocupa um "papel decisivo" não pelo fato de criar correspondências excessivas ou não, mas por se levar em conta que na criação de um filme já se "estabelece graficamente essas correspondências que a ideia e o tema de uma determinada obra prescreve para sua estrutura gráfica." (Eisenstein 2001b, p. 168, tradução nossa).

Os modelos de diagramas multidirecionais acentuam a composição fílmica, como o caso de *Ivan, o terrível I* (1944), onde as linhas das cenas, projetadas por choques, criam "duelos" de rara tensão. A análise proposta pelo cineasta russo conjuga a apreciação de "um ponto de vista pictórico", guiado pela composição como ponto de partida, da qual ele acrescenta e reitera a ideia de "um sentido mais amplo" (Eisenstein 1990a).

Assim, para Eisenstein, aquilo que era considerado como sincronização tratava-se da fusão dos elementos expressivos, fossem eles plásticos ou dramáticos, num filme, numa montagem visual-sonora, onde as relações horizontais e verticais, e através dos diagramas propostos, promoviam a percepção das intercorrespondências totais, cósmicas. O cineasta (1990b) conceitua esse procedimento como "sincronização interna oculta". "A qualidade dos totais pode ser colocada lado a lado em qualquer combinação conflituosa, deste modo revelando inteiramente novas possibilidades de soluções de montagem" (Eisenstein, 1990a, p. 73). O resultado do processamento da sincronização pode atingir vários sentidos perceptivos: tato, olfato, visão, audição, "no processo de criação de uma imagem única, unificadora, sonoro-visual" (Eisenstein, 1990b, p. 52).

> Hablando de la armonía (una vibración) no es exactamente adecuado decir 'Oigo'. Como tampoco lo es decir 'Veo' de la armonía visual. Una nueva fórmula uniforme debe entrar en nuestro vocabulario para ambas: 'Siento' (Eisenstein 2002, p. 126).

A respeito da percepção global dos sentidos à imagem unificadora, Eisenstein (1990b), em Forma e conteúdo: prática, escrito em 1940, ao confrontar a relação do movimento musical com o movimento pictórico na elaboração de filme, seja a partir das imagens ou do som, ressalta que "não tem nenhuma importância o elemento a partir do qual começa o processo de determinar combinações audiovisuais" (p. 107). O mais importante nesse método é a junção que se dá através do movimento existente no som e na imagem. Essa junção pode formar o que o cineasta chamou *sincronização de sentidos*, ou seja, a fusão de todos os sentidos na estrutura da obra (que envolve ideia e emoção – *pathos*), na criação orgânica do que chama "imagem unificadora".

A total fusão – *imagem unificadora* – a que Eisenstein diversas vezes se referiu em seus ensaios procede das complexas relações travadas no bloco indecomponível imagético-sonoro. Nele, os eventos sonoro-visuais em simultaneidade entram em colisão sincrônica, em outras palavras, nessa *superestrutura* os *contrapontos* diversos são processados horizontal e verticalmente, promovendo um diagrama de relações na montagem de um filme.

Diagramas de sincronização interna e construção de *design* em *Naqoyqatsi*

A partir da exposição apresentada das categorias da montagem de Eisenstein, podemos tirar determinadas conclusões com maior clareza a respeito da reflexão do filme *Naqoyqatsi*. Entendemos que as diversas categorias de montagens de Eisenstein estão presentes nesse filme, ou seja, a reflexão analítica da montagem vertical no filme de Reggio guiados pela rítmica nos lança a um pensamento diagramático, complexo, que conjuga camadas ou níveis de informação, constructos de uma audiovisualidade singular.

Nesse sentido, as categorias das montagens *métrica, rítmica, melódica* e *harmônica* estão implicadas em diversos momentos e de diferentes formas na montagem, e o entendimento sobre audiovisualidade perpassa a montagem, em particular, a vertical ou polifônica de Eisenstein. A reflexão das relações sistêmicas da audiovisualidade nos levou aos estudos de alguns pontos da montagem vertical na condução de nossos argumentos. Entre eles, de suma importância, a construção de um pensamento investigativo em torno das intercorrespondências das linhas sonoras e visuais, inclusive por meio de diagramas verticais que promovessem a geração do *design* sonoro-visual na montagem. As intercorrespondências indicaram alguns caminhos.

Outros pontos da montagem vertical, não menos importantes neste trajeto, estão relacionados ao direcionamento das análises às relações do êxtase; da imagem unificadora, cósmica; e, sem dúvida, à visualização do embate do campo de forças provocados por diversos conflitos nas linhas sonoras e visuais que irão eclodir na dinâmica do bloco sonoro-visual. A explanação sobre esses temas é o conjunto do ensaio de *Naqoyqatsi*.

A reflexão sobre o processamento das intercorrespondências da montagem vertical direcionou a nossa investigação sobre audiovisualidade. Os argumentos partiram de um pensamento que teve por base diagramas que propiciaram a reflexão do desenho sonoro-visual a priori, e, num segundo momento, o *design* que se formou das relações sígnicas possibilitou o estudo da grafia da luz e do som no filme de Reggio.

Desse modo, surgiram indagações sobre como a montagem vertical pode visualizar e explorar as descobertas gráficas? Como se instauram semioses? Como o conceito de montagem vertical de Eisenstein e a sincronização interna de sentidos, entre outros, opera o compósito sonoro-visual em determinados filmes? Na análise de *Naqoyqatsi*, realizamos estudos na direção de argumentos que inevitavelmente nos levaram a outras indagações.

Para o entendimento das relações sonoro-visuais no filme *Naqoyqatsi*, a investigação da montagem, a partir de estruturas rítmicas, incidiu no estudo de momentos culminantes em que se configuravam determinados fenômenos associados ao processamento de informação num filme como um bloco indecomponível, numa comunhão de forças plásticas e dramáticas. A multidirecionalidade das linhas do movimento gera um fluxo; transforma o espaço num *continuum*, ressonante, sonoro-visual.

As estruturas rítmicas concebem fenômenos como a mutação, campo de forças em choque e êxtase na montagem. Entendemos que tais fenômenos são consequências da sincronização visual-sonora em *Naqoyqatsi* e que, portanto, devem ser analisados nas relações dinâmicas entre imagem e som da montagem e suas intercorrespondências internas.

Em *Naqoyqatsi* sintaxe e tema tecem a ideia de modo orgânico e eclodem em movimentos contrários, ou seja, as diversas guerras da humanidade – tema do filme de Reggio – travam relações por embates, aliadas aos grafismos de linhas, texturas, resolução de cores, eixos de direção: desenho e *design*. Nessa estrutura, a organização se estabelece através dos processos de interação entre imagem, som e movimento, que juntos estabelecem um compósito de relações sistêmicas de grande complexidade.

A simultaneidade – outro dado relevante – se instala num campo de forças movido pelo choque ou conflito. Observou-se ainda que, em *Naqoyqatsi*, a coexistência das duas grandes linhas, sonoras e visuais, de elementos plásticos e dramáticos, cria relações envoltas em colisão e *atrações* no fluxo do movimento cinético. Todos esses elementos heterogêneos, em coexistência simultânea na montagem polifônica ou vertical, são guiados pelo movimento (cinético) formando uma diversidade de níveis entrelaçados (Lotman, 1978).

Os diversos "níveis entrelaçados" são observados em *Naqoyqatsi* através de diagramas de som e imagem em coexistência simultânea e contraste. O contraste rege a integração das linhas na montagem polifônica com o contraponto e promove momentos culminantes, em que o filme, num uníssono cósmico, alcança uma potência tensiva, extática.

O êxtase é gerado em meio ao contraponto. O contraponto assume papel fundamental na montagem como forma de disjunção, desvio poético que impulsiona a produção de informação nova.

Nas relações dinâmicas das linhas, as trocas se processam e nasce a informação nova. Desvio da poética, necessário para transformações se estabelecerem, da quantidade à qualidade em determinados momentos de acúmulo de tensão rítmica e explosão extática. A simultaneidade pressupõe coexistência. A sincronização envolve inter-relação entre as diversas linhas do universo sonoro-visual, que se fundem numa veia sincrônica.

As relações diagramáticas nesse campo de forças em contraponto na montagem polifônica ou vertical considera a composição pregnante de níveis complexos de informações em sincronização interna e assinala a importância do processo perceptivo na observação das relações dinâmicas do sistema cinematográfico através da articulação da linguagem imagético-sonora.

As formulações sobre montagem vertical permitiram visualizações gráficas, isto é, diagramas das *intercorrespondências* que se estabelecem das complexas relações dinâmicas nas estruturas da montagem em *Naqoyqatsi*.

A montagem que se engendra no fluxo do movimento do filme de Reggio, processa uma imagem unificadora, fusão total de som-imagem, movida por vibrações de energia tensiva, plástica e/ou dramática. Sincronização esta promotora de sentidos, que percorrem em *Naqoyqatsi*, por vezes, estruturas rítmicas fluidas, em vibrações sonoro-visuais.

A colisão de várias linhas na montagem considera a sincronização além da simples relação métrica. A reflexão se volta à relação com o organismo-montagem através de linhas, num campo de forças sonoro-visual, em expansão tensiva e retração simultaneamente na montagem, em meio ao conflito.

O filme *Naqoyqatsi* e a delimitação dos pontos da montagem vertical nos guiaram na investigação gráfica do espaço sonoro-visual, a partir de instantes de alta e expressiva carga dramática apresentados através de diagramas. Os diagramas que se seguem possibilitam a visualização de determinadas relações sonoro-visuais, capazes de promover semioses sígnicas. As relações tensivas podem ser de similitude, contraste, densidade de instrumentos, oscilação de intensidade, frequência, silêncio, ruído, regularidade e irregularidade, entre outras. Na montagem vertical, o desenho compositivo sonoro-visual se apresenta em trocas, interações, choques – promotores de *design*.

Em *Naqoyqatsi*, as duas grandes linhas da composição, a sonora e a visual, interagem. Tanto a simultaneidade quanto a sincronização são fenômenos que convivem e interagem na montagem de Reggio e fazem parte da articulação de suas estruturas rítmicas, que se configuram no movimento do filme.

O diagrama vertical explicita os diferentes eventos sonoros e visuais em *níveis entrelaçados*. O universo sonoro-visual em *Naqoyqatsi* converge (*audiovisual*) e convive de modo simultâneo e em choques sincrônicos. Observamos sincronização interna, contraponto em suas estruturas, mas também momentos de sincronismo externo. Referente à sincronia, Rodríguez esclarece o seguinte:

> Denomina-se sincronia a coincidência exata no tempo de dois estímulos que o receptor percebe como perfeitamente diferenciados. Esses dois estímulos podem ser percebidos pelo mesmo sentido (audição: sincronia entre diferentes instrumentos musicais) ou por diferentes sentidos (visão e audição: sincronia audiovisual) (Rodríguez, 2006, p. 319).

Portanto, as vibrações, as ressonâncias, enfim, o compósito dessa polifônica peça sustenta frequências sonoro-luminosas e traduz um movimento dialético, repleto de antagonismos em coexistência e *fusão perceptiva audiovisual*. Nas palavras de Rodriguez, "A fusão perceptiva audiovisual fundamenta-se basicamente na exploração da coincidência ou não-coincidência temporal entre som e imagem, ou seja, nos princípios da sincronia. (Rodriguez, 2006, p. 318).

A fusão perceptiva e a sincronia se acentuam em alguns momentos e, em outros, as cenas são marcadas por irregularidades, contrastes no movimento gráfico da imagem e também no som que promove oscilações de intensidade, alturas, densidade, velocidade, entre outras. As oscilações interagem no movimento da montagem configurando estruturas rítmicas numa comunhão som-imagem, constituindo, assim, uma audiovisualidade. As estruturas se configuram em formas sonoras e visuais.

O movimento promove um pensamento ressonante, sensorial, musical e acústico, que se conecta com a audiovisualidade em *Naqoyqatsi*, filme que, numa montagem polifônica ou vertical, promove desvios e transformações constantes na imagem, no som, ou seja, no bloco sonoro-visual. Esses momentos de desvio, o ritmo, a montagem, na estrutura do filme de Reggio, nos direcionam aos estudos de audiovisualidade. Dessa forma, observa-se uma singularidade nessas estruturas. As complexas transformações decorrentes do fluxo do movimento acabam sendo bem frequentes em *Naqoyqatsi*.

Os diagramas que se seguem procuram traduzir parte da complexidade do sistema sonoro-visual, extático, em mutação constante, num campo de forças contrapontísticas do filme *Naqoyqatsi*, por meio de um pensamento que incorpora a montagem vertical. Sistema que, no fluxo cinético do filme de Reggio, cria picos de tensão que nos arremessa a uma *imagem unificadora*. Na reflexão de determinadas semioses, a metodologia de análise do bloco indecomponível sonoro-visual do filme de Reggio consistiu na seleção de alguns trechos em que se observam estruturas patéticas altamente expressivas, marcadas por acúmulo de tensão. Os instrumentos musicais em comunhão com a imagem formam diversas linhas, vozes polifônicas.

Os elementos expressivos da composição se destacam na peça sonora e/ou da imagem, formando, por vezes, linhas dominantes entre as diversas camadas. Os diagramas – decomposições do plano analítico – evidenciam relações gráficas em determinadas cenas, guiadas pelo acúmulo de tensão no fluxo do movimento. Nos diagramas, as sobreposições verticais e horizontais das linhas da imagem e do som promovem leituras complexas.

Os diagramas apresentam processos relacionais de diferentes elementos expressivos entre algumas linhas contrapontísticas (dominantes) na montagem. Num atravessamento de forças, promovem um campo tensivo, gravitacional de atração e contraponto, num movimento de energia cinética (figura 3).

Diagramas: explorações no pensamento-signo dos espaços culturais

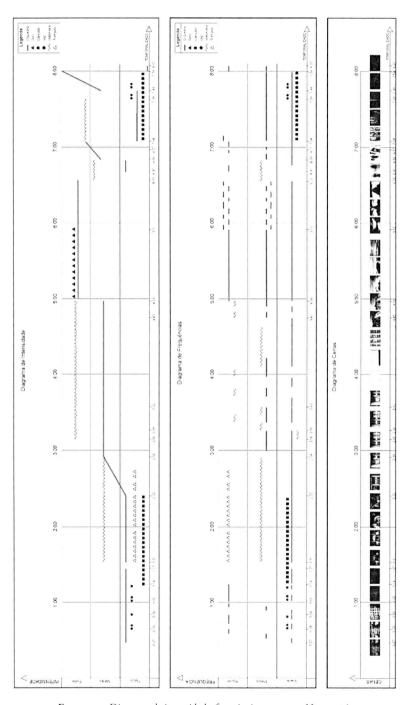

Figura 3 – Diagrama de intensidade, frequência e cenas em *Naqoyqatsi*.

As intercorrespondências sincrônicas possibilitam a percepção da *sincronização interna* dos elementos determinantes no filme de Reggio: movimentos imagéticos, por exemplo, das formas visuais e de seus diversos matizes de tonalidades, da luz, da cor, dos eixos de direção, entre outros, e os movimentos sonoros de variações timbrísticas, de diferentes alturas, intensidades.

O gráfico (figura 3) apresenta elementos estruturais da música, tais como frequência, ou a variação de graves e agudos; e intensidade, ou aumento e diminuição de força na vibração sonora. O som organicamente se relaciona com a composição das cenas e seus elementos gráficos da composição, como a luminância, a disposição dos objetos no quadro, o jogo de luz e sombra, a força da tensão na composição sonora e visual, entre outros. A partir do gráfico, elabora-se o diagrama:

Diagrama do desenho sonoro e visual da 1ª sequência

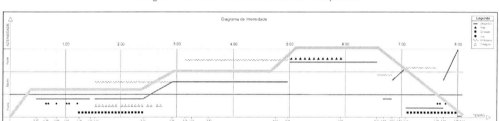

Ascensão e Queda

Seta em direção ascendente

Visão Lateral da Queda do Prédio

Figura 4 – Diagrama *design* sonoro-visual em ascensão e queda.
Cena extática da primeira sequência da peça audiovisual *Naqoyqatsi*.

Os diagramas: 1. intensidade; 2. seta em ascensão e queda; 3. representação gráfica da visão lateral da queda do prédio, estão co-relacionados. As linhas da composição no diagrama divergem e, ao mesmo tempo, convergem no centro e para o alto, para o céu. Depois, em contraponto, as linhas percorrem uma vertical descendente.

O movimento desenha, modela, o sonoro-visual, criando estruturas, configurações rítmicas. Com isso, a montagem modeliza o ritmo e suas estruturas, criando *design*.

Do movimento de queda do prédio foram concebidos os três diagramas. Surgem algumas indagações. Como a relação extática contribui para pensar as configurações que se formam em determinados filmes, como em *Naqoyqatsi*, a partir da fusão e choque sonoro-visual na montagem? Como o *design* do movimento sonoro e do visual está implicado em sua relação rítmica fluída? Como o desenho da composição e sua forma dominante contribuem para pensarmos possíveis interpretantes? Como as estruturas na montagem promovem relações de sincronização interna?

No que se refere a determinados pontos da *montagem vertical*, o diagrama apresentado acima permite a visualização do comportamento dos eventos sonoro-imagéticos e possibilita a reflexão sobre a sincronização interna e a questão das intercorrespondências entre som e imagem. Observa-se, ainda, que nos momentos de alta tensão a intensidade cresce. O formato arquitetônico do prédio desenha uma seta para os céus. A queda de intensidade no diagrama corresponde também à queda do movimento do prédio sendo tragado pelas ondas agitadas do mar.

No diagrama do declive do prédio, do primeiro ato de *Naqoyqatsi*, o desenho visual corresponde a uma seta para o alto, ou seja, acentuando o desenho da forma cônica, que se assemelha a uma torre – similar à de Babel. O ponto de maior tensão é também o ponto de virada para baixo. Nesse diagrama, o movimento rítmico – de ascensão e queda – configura uma estrutura altamente dramática, de descarga de tensão acumulada e explosão extática. A estrutura dramática promove o êxtase pela força dos elementos plásticos e temáticos. O processamento sonoro-visual promove um momento cósmico.

O desenlace do conflito e o êxtase na montagem vertical podem nos levar ao desenho gráfico e ao *design* das imagens, e, de modo orgânico, evidenciar um *design* dos sons numa relação amálgama em direção à audiovisualidade. O desenho incide nos *rafs*, esqueletos, rascunhos. O *design* gera o conceito, na comunhão de sintaxe e semântica. Mais que isso, unindo desenho sonoro e visual. Tudo caminhando num fluxo coeso, cósmico. O que está em jogo é o estudo da composição, seja ela dinâmica ou estática.

O *design* nessa cena está voltado a questões plásticas e dramáticas – como uma espécie de "consciência" da composição, seu pensamento, sua estrutura –, e reflete processos de uma trama de sentidos. Numa "imagem unificadora", por exemplo, com um céu carregado de pesadas nuvens negras e um movimento sonoro pleno de intensidade e timbristicamente denso, num pico de tensão e força dramática, deixa transparecer que, nela, todo o sensório conspira numa convergência de sentidos e numa imagem sensorial.

Os momentos de maior intensidade sonora, representados no diagrama anterior referente à peça de Reggio, coincidem com a força dramática arrebatadora, extática, que atravessa o ritmo e a montagem, num ápice de tensão após a queda do prédio. As linhas polifônicas da montagem se articulam na promoção de um instante pregnante. Esses picos de tensão, instantes pregnantes, podem ser momentos relevantes por estarem associados a embates extáticos no filme de Reggio. Momentos estes a serem estudados numa poética do desvio, geradora de salto dialético e informação nova, como se pode ler no fragmento.

> O pintor, cujos meios são desenvolvidos no espaço, não precisa se ocupar com o tempo, e sim com a escolha de um instante, com a amostragem hábil, no interior do acontecimento que ele quer representar, com o melhor instante, o mais significativo, mais típico, mais pregnante (não esqueçamos que 'pregnante' quer dizer 'grávido'; não é a toa que, em inglês, pregnancy significa 'gravidez') (Aumont, 2004, p. 81).

Esses instantes pregnantes no filme *Naqoyqatsi* se configuram na estrutura da montagem, impregnando-a de uma permanente tensão. Tanto a energia rítmica quanto o fluxo cinético desenham na partitura sonoro-visual linhas em colisão e coexistência, simultaneamente, nesse campo de forças.

O diagrama do prédio, em seta de ascensão e movimento de queda, marca um ponto de virada da montagem, momento extático desencadeado pela composição e pela cinética. Esse movimento que cresce e decresce acompanha toda a peça. O desenho da composição sonora e da composição visual se configura de modo orgânico. A visualização do processo relacional entre som e imagem foi possível numa estrutura patética promotora de êxtase tal que o *design* se estabelece. O *design*, fruto de um conceito, sugere unir forma e tema.

O diagrama de intensidade sonora alcança uma ascensão no ponto de maior tensão, o som ganha em força e dramaticidade. O enquadramento em declive provoca ilusão óptica, o que pode ser percebido na tomada, da primeira sequência, onde o prédio ao afundar se funde com o mar num ângulo instável, inusitado: suspenso, numa ausência de gravidade. Movimento sonoro-visual que deixa processar a relação *pathos*-êxtase.

O movimento de câmera em declive joga com a alternância de eixos de direção, já que, na primeira imagem, a simetria e a luminância na diagonal da direita gera um choque em virtude das linhas oblíquas da tempestade, em sentido contrário, na cena seguinte. O choque se reitera na junção do céu e nuvens com o prédio, no mergulho com as águas, aos poucos vão se metamorfoseando. A cena é perturbadora e desestabiliza o filme todo, num movimento celular em expansão. Nesse turbilhão de forças, o êxtase se deflagra em *Naqoyqatsi* ligado à ideia de instabilidade. Sendo assim, insere-se numa poética de desvio.

A cena nos remete ao orgânico numa obra. O orgânico refere-se à "composição de todo o filme em seu conjunto e o patético do episódio onde alcança maior tensão dramática" (Eisenstein, 1990a, p. 143). Isso porque o orgânico também se conecta ao tema, pois em diversos momentos os movimentos para baixo sugerem a metáfora do projeto babélico inacabado. Quanto ao som, os confrontos se processam entre graves e agudos, frequências em lutas, e outras manifestações sonoras diversas em conflito. Os opostos fazem parte da guerra contrapontística determinante no tema e na forma.

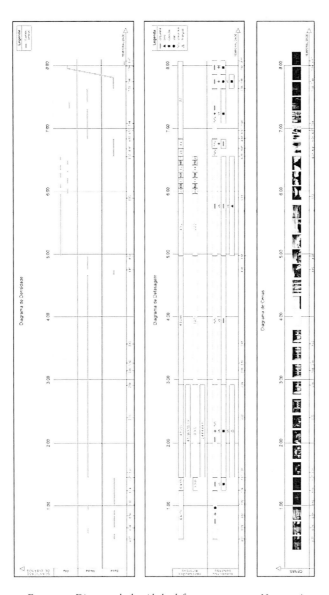

FIGURA 5 - Diagrama de densidade, defasagem e cenas em *Naqoyqatsi*.

Diagrama de Densidade (figura 5)

Entre os elementos estruturais da música, a densidade apresentada no gráfico, representa a diminuição ou aumento de eventos sonoros na composição musical. A orquestra em sua diversidade reúne diferentes instrumentos, tais como: viola, violino, violoncelo, oboé, clarinete, trompete, trombone, trombone baixo, clarinete baixo, tuba, percussão e vocais (tenor e barítono) que realizam as linhas sonoras. Mas o jogo principal fica evidenciado no diálogo entre o violoncelo (músico chinês Yo-Yo Ma) e a orquestra. Essa relação vai tecendo diferenças e oscilações de tensão ao longo do filme, em cada ato.

A relação de diálogo entre violoncelo e orquestra segue na maior parte da peça. No gráfico de densidade, porém, fica evidente que no trecho de maior intensidade dramática (4 min 58 s a 5 min 53 s) o aumento da entrada dos instrumentos da orquestra provoca um impulso necessário à configuração de pico e liberação de tensão. Em toda fase de preparação (1 min 31 s a 4 min 58 s) que antecede a descarga de tensão, a densidade é média. A variação rítmica e os matizes apresentados no diagrama acentuam a força que se imprime na fase extática.

Diagrama de Defasagem (figura 5)

Este é um gráfico mais complexo, pois as proporções rítmicas dos elementos sonoros provocam relações de defasagem dos acentos, chegando a incidir numa *polirritmia* (Jacobs, 1978), ou seja, na presença de vários ritmos sendo executados simultaneamente. No caso dessa sequência, os ritmos que se defasam em termos de acentuação são gerados pelos seguintes eventos sonoros: as batidas do coração, a orquestra e a voz. A defasagem: coração quatro pulsos, e da orquestra e voz em cinco pulsos. No final da sequência, essa irregularidade se desfaz e ocorre um retorno à acomodação dos tempos coincidentes e o fim da defasagem. Repetição com atualização: orquestra e voz quatro pulsos. A defasagem se relaciona com a transformação, da quantidade à qualidade: informação nova.

A sobreposição de linhas divergentes converge no final da sequência. A defasagem se processa no momento do caos à ordem. Começa com uma polirritmia, isto é, linhas sonoras em sobreposição que quase nunca se encontram, e as possibilidades de encontros são tão distantes em termos temporais que esses ciclos acabam não acontecendo nesse começo de discurso musical. Somente no final, esse encontro se realiza, configurando um comportamento dialético.

A oscilação entre irregularidade e regularidade faz parte dos movimentos rítmicos que, na poética do desvio, configuram fases de instabilidade na peça. O movimento irregular numa obra como fator de instabilidade foi um dos parâmetros que serviu de base ao pensamento de Eisenstein. (Eisenstein, 1990a).

Esses momentos de rompimento com a estabilidade, processam transformações dialéticas, ou seja, mutações necessárias para a geração de informação nova. As mutações são os desvios formados a cada desencontro do comportamento regular na linha do coração. A linha orquestral se estabelece no sentido contrário ao coração. Esses "desarranjos" provocam instabilidade na trilha e nessa complexidade sonora. O desenho do movimento, de extrema beleza, chega a ser dramático em alguns trechos, em momentos de alta tensão dramática – momentos patéticos que atingem o êxtase.

A irregularidade e a regularidade se instalam no jogo de oscilações que convivem na montagem de *Naqoyqatsi*. Esse jogo se organiza principalmente no movimento de acúmulo de tensão dramática (*pathos*), que nos arremessa ao êxtase. O acúmulo e a descarga de tensão indicam serem elementos centrais no pensamento em torno da montagem do filme de Reggio, que envolve o ritmo e suas estruturas sonoro-visuais.

O movimento dialético – que através de estruturas rítmicas precipita-se em tensão extática – foi um dos aspectos centrais na escolha do filme. Isso porque a irregularidade se mantém em suspensão até o momento de entrada de um evento intruso (*intruder*). O *intruder* na primeira sequência que vai quebrar a irregularidade dos eventos sonoros é a imagem de uma montanha que brota do chão, artificialmente, e cresce até atingir o céu. Réplica da mesma ideia posta na Torre de Babel, emblema da irrupção que desencadeou a discórdia, surge junto a um discurso sonoro onde todos (*tutti*) os instrumentos da orquestra tocam a mesma melodia.

Logo na primeira sequência, é criado um discurso musical com diversos instrumentos numa orquestração de uma gama de eventos sonoros, estabelecendo um movimento disjuntivo, irregular e em transformação. O que nos chama a atenção são linhas que apresentam uma proporção de acentos irregulares no compasso somado à sobreposição da linha do coração. Isso gera diferentes proporções que, consequentemente, nunca se encontram. Ou quase nunca. Há um devir de possibilidades, mas que não se efetuam no ciclo, tempo da música. As linhas estão em defasagem.

Nesse diagrama de defasagem, é possível verificar que os eventos musicais do início da peça têm como característica o fato de a acentuação desses elementos não serem somente irregular. As duas faixas simultâneas estão também em defasagem (embora em alguns trechos estejam em concordância). Então, procuramos analisar as proporções (principais) entre cada evento e a defasagem em relação às duas faixas. O que chamamos por defasagem é o desencontro dos acentos entre eventos sonoros, provocando um tempo-ciclo que desencadeia o encontro eventual (ou oferece uma possibilidade de encontro).

Embora os eventos não estejam no mesmo passo, de vez em quando, podem se encontrar. No início se encontram muito pouco. O encontro se dá somente quando os acentos coincidem, gerando quase uma polirritmia (Jacobs 1978), a presença de vários ritmos simultâneos. Além disso, os ritmos nesse gráfico são contrastantes, como o pulso da batida do coração regular em contraponto com o pulso da orquestra de instrumentos que não coincidem os tempos, num compasso quinário. Formam, assim, diferentes ritmos e geram irregularidades. É possível que os ataques de instrumentos de percussão, tipo o sino, provoquem mais irregularidades nesse trecho inicial da peça.

Tudo anuncia desencontros. A figura da Torre de Babel carrega uma carga semântica ligada ao conflito, à não comunicabilidade, acentuando nesse processo o que estamos chamando de "irregularidades", embora sabendo que o termo é relativo, pois se relaciona com a ideia de sua antítese, o regular. Uma das observações possíveis desse desencontro sugere a construção de uma estrutura patética muito tensa, que mantém a peça em suspensão até o momento de descarga tensiva.

A defasagem se apresenta com o compasso de cinco tempos (pulsos) disposto em três por dois acentos, que acaba soando como um ritmo não simétrico, provocando, por vezes, diferentes parâmetros de interpretação e até certos incômodos e estranhamentos. Um dos eventos sonoros que se destaca, pois aparece logo no início sozinho, é a palavra *Na-qoy-qa-tsi* soletrada em cinco tempos, três por dois (sendo três pulsos para a palavra), mas, em contraste com a linha do coração, gera um desconforto, na medida em que elimina um possível jogo simétrico e regular. O ritmo se torna assimétrico.

A linha do coração, outro evento sonoro que se contrapõe na segunda faixa, caminha de três em três acentos. Para exemplificar essa assimetria, poderíamos usar a seguinte proporção: uma linha está com um passo de dez contra outra de três. A linha de dez se distribui num compasso de seis por quatro (ou mesmo três por dois – compasso quinário) nas proporções da acentuação.

Assim, a acentuação da primeira faixa estaria ocorrendo de modo irregular em sobreposição à acentuação da segunda faixa, mas, embora esta esteja de modo regular, não estão caminhando juntas num mesmo passo. Nesse sentido, temos acentuação irregular e em defasagem em relação à outra faixa. Em toda essa primeira faixa há um nível de desencontro.

A instabilidade refere-se ao fato de o acento da palavra *Naqoyqatsi* estar em termos rítmicos divergente com a linha sonora (coração). As mutações sugerem ser os desvios processados em cada desencontro no comportamento regular da linha do coração. A linha orquestral indo contra o coração gera um descompasso e mutação, informação nova. Esses "desarranjos" provocam instabilidade na trilha e nessa complexidade sonora vai desenhando um movimento gráfico singular.

A tensão contínua promove a audiovisualidade em *Naqoyqatsi* através de mutações, êxtase, sincronização interna num campo de forças singular, cósmico. Em atravessamentos, desvios, irregularidades, assimetrias, enfim, desarranjos na composição que provocam instabilidades, desencontros, contrapontos, na promoção de semioses.

Desse modo, a análise de alguns pontos da montagem polifônica ou vertical – a partir da estrutura de pensamento por diagramas em *Naqoyqatsi* – possibilitou a percepção do diálogo sonoro-imagético na construção sígnica. Assim, as relações diagramáticas complexas da montagem e da rítmica se apresentaram como um *ideograma* multidirecional imagético-sonoro, *multissignificativo*.

Referências bibliográficas

AUMONT, Jacques. *Dicionário teórico e crítico de cinema* (Tradução de Eloisa Araújo Ribeiro). Campinas: Papirus, 2003.

_____. *O olho interminável* (Tradução de Eloisa Araújo Ribeiro). São Paulo: Cosac Naify, 2004.

_____. *As teorias dos cineastas* (Tradução de Marina Appenzeller). Campinas: Papirus, 2004.

BORDWELL, David. *El cine de Eisenstein: teoría y práctica* (Tradução de José García Vásquez). Barcelona: Editorial Paidós Ibérica, 1999.

CHION, Michel. *La audiovisión. Introducción a un análisis conjunto de la imagen y el sonido* (Tradução de Antonio Lópes Ruiz). Barcelona: Editorial Paidós Ibérica, 1993.

COKER, Wilson. *Music and Meaning*. New York: The Free Press, 1972.

EISENSTEIN, Sergei. *Reflexões de um cineasta*. Rio de Janeiro: Zahar Editores, 1969.

_____. *Cinematismo* (Tradução de Luis Sepulveda). Buenos Aires: Domingo Cortizo Editor, 1982.

_____. *Memórias imorais: uma autobiografia* (Tradução de Carlos Eugênio Marcondes de Moura). São Paulo: Companhia das Letras, 1983.

_____. *A forma do filme* (Tradução de Tereza Ottoni). São Paulo: Jorge Zahar Editor, 1990a.

_____. *O sentido do filme* (Tradução de Tereza Ottoni). São Paulo: Jorge Zahar Editor, 1990b.

_____. *Hacia una teoría del montage* (Tradução de José García Vásquez). Barcelona: Editorial Paidós Ibérica, 2001a, v. 1.

_____. *Hacia una teoría del montage* (Tradução de José García Vásquez). Barcelona: Editorial Paidós Ibérica, 2001b, v. 2.

_____. *Teoría y técnica cinematográficas* (Tradução de María de Quadras). Madrid: Ediciones Rialp, 2002.

GOTLIB, Nádia Battella. *Teoria do conto*. São Paulo: Ática, 1985.

HOUAISS, Antônio; VILLAR, Mauro de Salles. *Dicionário Houaiss da língua portuguesa* (Tradução de João Dell'Anna). 22. ed. Rio de Janeiro: Objetiva, 2001.

JACOBS, Arthur. *Dicionário de Música* (Tradução de Hélder Rodrigues e Manuel J. Palmeirim). Lisboa: Publicações Dom Quixote, 1978.

LOTMAN, Iuri. *Estética e Semiótica do Cinema* (Tradução de Alberto Carneiro). Lisboa: Editorial Estampa, 1978.

_____. *A Estrutura do texto artístico* (Tradução de Maria do Carmo Vieira Raposo). Lisboa: Editorial Estampa, 1978a.

_____. *La semiosfera I. Semiótica de la cultura y del texto* (Tradução de Desiderio Navarro). Madrid: Ediciones Frónesis Cátedra, 1998.

MACHADO, Irene. *Escola de semiótica. A experiência de Tártu-Moscou para o estudo da cultura*. São Paulo: Ateliê Editorial/Fapesp, 2003.

MANDELBROT, Benoit. *La geometría fractal de la naturaleza* (Tradução de Josep Llosa). Barcelona: Tusquets Editores, 2009.

MCLUHAN, Marshall. *Os meios de comunicação como extensões do homem* (Tradução de Décio Pignatari). São Paulo: Cultrix, 2001.

MENEZES, Flo. *A acústica musical em palavras e sons*. Cotia: Ateliê Editorial, 2003.

MORAIS, J. Jota de. *O que é música*. São Paulo: Editora Brasiliense, 1983.

ORTEGOSA, Marcia. *Cinema noir. Espelho e fotografia*. São Paulo: Annablume, 2010.

PEIRCE, Charles Sander; FREGE, Gottlob. *Sobre a justificação científica de uma conceitografia: os fundamentos da aritmética* (Tradução de Luís Henrique dos Santos). São Paulo: Abril Cultural, 1980.

RODRÍGUEZ, Ángel. *A dimensão sonora da linguagem audiovisual* (Tradução de Rosângela Dantas). São Paulo: Editora Senac, 2006.

RUSH, Michael. *Novas mídias na arte contemporânea* (Tradução de Cássia Maria Nasser). São Paulo: Martins Fontes, 2006.

SILVA, Alexandre Rocha; ROSSINI, Miriam de Souza (orgs.). *Do audiovisual às audiovisualidades: convergência e dispersão nas mídias*. Porto Alegre: Asterisco, 2009.

XAVIER, Ismail (org.). *O discurso cinematográfico: a opacidade e a transparência*. Rio de Janeiro: Paz e Terra, 2005.

WISNIK, José Miguel. *O som e o sentido*. São Paulo: Companhia das Letras, 1989.

Capítulo 9

Diagramas e as formas que pensam: experiências gráficas com o signo cinemático – Irene Machado

Introdução: Semiose no signo-pensamento

Se existe um ponto conceitual onde diferentes teorias semióticas se encontram este é, sem dúvida, aquele ocupado com a constituição do sentido no domínio diverso e difuso das ideias. Situada no centro de qualquer investigação semiótica, a busca pelo sentido se orienta, não pelas questões metafísicas vinculadas à natureza do ser na existência, mas pelos modos como operadores de sentido são criados, à revelia de um domínio ontológico do ser e da existência do mundo em que vivemos. Com isso, ousamos transformar o mundo das coisas em signos para com eles construir processos de pensamento, de interações discursivas, de articulações de linguagens em sistemas culturais que assim se manifestam numa gama de realizações que, por sua vez, se constituem em eventos da vida social, da arte, da ciência, da filosofia, da religião.

Também como ousadia se possa entender o fato de que o pensamento semiótico se constitua à margem da consagrada tradição filosófica ocidental segundo a qual por trás da complexidade da natureza existem leis simples a construir um arcabouço teórico unificado da realidade. Afinal, em vez de simplesmente buscar a decifração das supostas leis simples, o grande desafio imposto ao pensamento semiótico demanda reconhecer o funcionamento de princípio igualmente complexo no próprio ato de transformação. E este é o ponto central da investigação semiótica do sentido pressuposta nesse trabalho.

Para o teórico russo Mikhail Bakhtin o estudo do sentido implica sempre uma arquitetônica, quer dizer, uma complexa rede de relacionamentos emergentes em processos dinâmicos de interação longe, portanto, de qualquer apriorismo (Bakhtin, 1990; 2003). Por conseguinte, o sentido só se constitui em ato, em movimento de transformação e de geração de ideias. Quando se apreende o mundo pela dialogia das ideias, não existe uma realidade *a priori* estabelecida. Tudo vai depender da dinâmica relacional entre percepções e efeitos capazes de produzir significações. A esse ato dialógico e contínuo a semiótica qualifica como semiose. É como semiose que o sentido se manifesta no pensamento e na cultura.

A afirmação segundo a qual o sentido se manifesta no pensamento e na cultura pode ser tanto uma obviedade quanto um problema. Quando se identifica na cultura uma linguagem, ou melhor, a palavra transformada em língua, não há dúvidas de que o sentido se encontra vinculado ao poder da palavra, sobretudo na expressão do pensamento. Todavia, quando por cultura se entendem linguagens de diferentes campos culturais em luta, a definição do sentido não emerge senão na conjugação das linhas de forças e do jogo de relações possíveis. Temos um problema qualificado tanto pela semiótica quanto pela cultura. Assim o sentido se projeta como manifestação de uma mente que, sem dúvida, é do homem, mas não o é menos da cultura. Tal é o entendimento da semiótica da cultura onde o sentido de qualquer produto cultural resulta sempre de relações, nunca de domínios estabelecidos.

Tomemos o exemplo que se segue: a fotografia de uma paisagem que é, na verdade, cenário de um filme.

FIGURA 1 – Fotografia de Andrei Arsenevich Tarkóvski no cenário de *O sacrifício* (*Offret*), 1986. Disponível em: <http://lounge.obviousmag.org/alpendre/andrei-tarkovski.jpg>. Acesso em: 14 dez. 2014.

    O diretor, o cineasta russo Andrei Arsenevich Tarkóvski, contracena com a maquete da casa e a construção que serviu de cenário a seu filme *O sacrifício* (*Offret*, 1986). Qualquer entendimento sobre o sentido nessa foto implica adentrar no jogo das relações trianguladas pelos diferentes planos de realidade. Há, pelo menos, duas questões subjacentes a esse raciocínio. Primeira: a qual realidade o conjunto das ações se reporta? Segunda: qual é o sentido das ações em tela? Em um e outro caso há que se conjugar relações entre os atos enquadrados na foto e as ações fílmicas transformadas na tela. Em vez de um resultado, o que ocupa a percepção é o jogo de relações entre o diretor que lança um jato de água sobre a casa-maquete e a casa-cenário. Ainda que estejam muito bem delimitados no espaço do quadro os vértices de um triângulo de relações, na geometria da composição fílmica cada um se situa num plano de realidade: a realidade da criação, a do experimento e a do filme. Nesse caso, não há nenhuma realidade a decifrar mas uma complexidade de efeitos de sentido a serem devidamente dimensionados no jogo das distintas semioses. Evidentemente que há um núcleo motivacional de ações mas esse não está na foto porque será realização fílmica: a casa foi alvo de um incêndio em cenas finais de *O sacrifício*.

    Quando o enquadramento de relações transcende os elementos em jogo, a arquitetônica do sentido evidencia aquilo que se processa fora do quadro, não como leis estruturais, mas como sínteses relacionais. O sentido não se manifesta, por conseguinte, nem nas coisas como sua propriedade, nem nas leis constituídas, prontas para serem decifradas, mas sim nos signos e na semiose de diferentes agentes transformadores. Tal entendimento não apenas constitui a base do pensamento semiótico como também situa a semiose como o princípio dinâmico operacional do próprio pensamento. Em vez de leis a serem decifradas, a semiose do pensamento se orienta pela estruturação dos movimentos transformadores que imprimem um percurso às ideias de modo a construir caminhos que nos desafiam a buscar os núcleos relacionais de sua constituição. Do ponto de vista semiótico, os caminhos pelos quais se percorre em busca de construção de sentido constrói um signo próprio do movimento cujo traçado elementar o oferece como diagrama.

Compreender os diagramas de pensamento implica, pois, vencer o desafio de entender o movimento relacional das ideias entendidas como agentes de realização da semiose. Temos aqui o início de uma investigação semiótica cujo problema de partida é o próprio movimento das ideias responsáveis pela constituição do pensamento-signo nos embates de sua atividade relacional.

Assim concebida, a semiose se apresenta como síntese da atividade que explicita um trabalho ininterrupto dos signos na ação de seu funcionamento. Qualquer atividade de compreensão da semiose não pode se furtar, portanto, a indagar: como se constituem os processos sígnicos, as significações e as transformações de sistemas semióticos? Formula-se, por conseguinte, um caminho para a prática investigativa centrada na ação do signo e no movimento transformador da semiose graças ao qual se formam os pensamentos sobre o mundo como relações advindas de apreensões, percepções, observações e associações. Cada abordagem semiótica formula a seu modo caminhos explicativos para a atividade relacional da semiose.

Da longa história que acompanha as transformações de relações perceptuais, observações ou apreensões em signos, sem dúvida dois caminhos explicativos consagraram como campos teóricos pela delimitação distintiva dos algoritmos fundamentais da semiose. De um lado, situa-se o campo constituído na tradição que entende os algoritmos da semiose como produto da relação diádica entre duas esferas: uma de significante e outra de significado. De outro, o campo de entendimento que situa como algoritmos as próprias instâncias transformadoras de funcionamentos do signo entendidas, assim, como configuração triádica que envolve a relação a partir de três termos: do signo com o objeto e o interpretante. Evidentemente que esses dois caminhos explicativos não esgotam a dinâmica processual da semiose. Há que se considerar ainda a semiose das transformações que operam com sistemas relacionais, isto é, com processos sígnicos que movimentam complexidades no contexto de interações específicas como é o caso dos sistemas que constituem a cultura humana. Aqui o caminho explicativo da semiose conta com algoritmos baseados em modelos capazes de traduzir a dinâmica dos processos culturais sistêmicos.

Seja como díade, seja como tríade, seja como modelo cultural sistêmico, o que se observa é que na concepção dos algoritmos da semiose se manifesta a dinâmica de formas que transitam de uma dimensão a outra e, ao fazê-lo, se comportam como formas de pensamento. Uma coisa é tomar como pensamento a atividade cognoscente do ser; outra bem diferente é atribuir aos sistemas culturais capacidades de produção do pensamento-signo. Aqui a própria cultura é focalizada como dispositivo pensante dotado de mente produtora de sentido, tema da pesquisa a que o semioticista russo Iúri Lótman se dedica quando entende a cultura como um mecanismo de grande complexidade.

Do ponto de vista da semiose – considerando-se os caminhos explicativos enunciados – o sentido se constitui não apenas como construção mas, sobretudo, como movimento das formas que pensam e o configuram de um modo dialogicamente distintivo.

Delineia-se um problema semiótico cujo foco direciona-se não para a construção do sentido como resultado mas para o movimento processual de suas formas que passam, assim, a gerar o pensamento sob forma de diagramas. Num nível elementar, o estudo do diagrama se confunde com o estudo da semiose, principalmente pelo foco na dinâmica das relações. Contudo, ao ponderar sobre a natureza do diagrama, chega-se a uma elaboração que avança rumo à semiose do próprio pensamento.

Devemos ao filósofo americano Charles S. Peirce a noção segundo a qual todo pensamento é diagramático por natureza. O diagrama inaugura, assim, um outro modo de entendimento da lógica: aquela baseada em relações que não são necessariamente juízos, mas qualquer tipo de cognição como, por exemplo, as intuições (Peirce 1977, p. 241). Com isso, a lógica do pensamento diagramático alcança um largo espectro do movimento das formas que pensam nos mais diferentes processos dialógicos e interativos. Abre-se um espaço inusitado para se entender a dinâmica da semiose em processos interativos de sistemas culturais no contexto vivo de suas formas que podem, assim, ser entendidas como diagramas de pensamento. Todos nossos esforços de compreensão serão dirigidos para a investigação dos diagramas de pensamento que emergem em processos culturais e definem a sistemicidade das relações que se encarregam de produzir sentido.

Formas que pensam no trabalho dos signos cinemáticos

Se é verdade a máxima de I. Lótman segundo a qual a investigação semiótica sempre revela algum tipo de paradoxo (Lotman, 1985, p. 49-50), as diferentes correntes do ciclo semiótico reiteram tal assertiva quando o assunto é diagrama. Não seria exagero afirmar que inexiste formulação semiótica que possa prescindir da configuração diagramática para constituir suas premissas e organizar conceitos no campo teórico. Não obstante, não é usual tomar o diagrama como objeto de estudo da base estrutural da semiose no pensamento que, embora seja o signo primordial do humano, não é propriedade exclusiva do homem. Por conseguinte, qualquer entendimento do diagrama esbarra em limites. No âmbito de nosso estudo o risco não é maior que a latitude da hipótese geral que propõe examinar o diagrama como movimento gerador de formas pensantes capazes de constituir o trabalho dos signos na construção da semiose dos sentidos. Vale dizer que o diagrama configura um método de elaboração do pensamento-signo em sua semiose elementar quando observado na sua constituição na esfera humana.

O que se acaba de dizer situa a hipótese de que o pensamento possa existir em outras esferas e que, portanto, não seja propriedade do humano. É assim mesmo que Peirce entende pensamento: como condição da natureza que pode se manifestar em diferentes esferas, como se pode ler no segmento:

> Do mesmo modo como dizemos que um corpo está em movimento, e não que o movimento está num corpo, devemos dizer que estamos em pensamento e não que pensamentos estão em nós (Peirce, 1980b, p. 75, n. 8).

"Estar em pensamento" é a noção que insere o pensamento num dinamismo de uma cadeia relacional que o define como diagrama. Devemos a Peirce a percepção de que todo pensamento é diagramático por natureza uma vez que se manifesta em função de finalidades, cumprindo, assim, diferentes trajetórias expressivas. Segundo seu entendimento, o diagrama impulsiona um outro modo de enfrentamento da lógica: aquela focada nas relações. Com isso, a lógica do pensamento diagramático tem por objetivo alcançar um largo espectro do movimento das formas que pensam nos mais diferentes processos dialógicos e interativos. Abre-se um espaço inusitado para se entender a dinâmica da semiose em sistemas culturais no contexto vivo de suas formas que podem, assim, ser entendidas como diagramas.

Peirce desenvolveu seus estudos sobre o diagrama como forma de pensamento em sua sofisticada trama teórica que cobre os trabalhos sobre os grafos existenciais. Em diferentes momentos de suas investigações, examinou a hipótese segundo a qual o movimento das ideias que sustentam o pensamento como diagrama se origina de organizações sensoriais construídas culturalmente. Assim como os homens, as coisas também estão em pensamento. Com isso, o movimento das ideias no pensamento pode ser entendido tal como o movimento das imagens articuladas, por exemplo, em planos de sequências fílmicas criadas pelo cinema. Observando a dinâmica de seu próprio raciocínio, Peirce toma a fotografia e o cinema como formações capazes de dimensionar o movimento dos diagramas de seu pensamento.

Encontra nessas duas formas culturais síntese de operações lógicas que se tornaram emblemáticas às associações daquilo que ele denominou "lógica dos relativos". E isso introduz em suas investigações a possibilidade de conceber o pensamento como movimento de uma outra lógica fundamentada pelo diagrama. Tais formulações são parte de exercícios intuitivos comprometidos com outras bases relacionais para a lógica do pensamento.

As hipóteses peirceanas a respeito da semiose do pensamento diagramático como movimento de planos no cinema não foram desenvolvidas teoricamente num conjunto sistematizado de proposições na obra do filósofo. Contudo, uma vez enunciadas se investiram da magnitude de um problema semiótico digno de investigação. É o que se propõe realizar nesse trabalho ao dimensionar as formulações de Peirce sobre os diagramas no contexto das experiências do signo cinemático criado pelo cinema.

No contexto histórico das experiências cinematográficas não é preciso muitos esforços para situar práticas que exploram o signo cinemático como forma pensante. O cinema de montagem entendido como exercício intelectual, tal como fora praticado por Sergei Eisenstein, responde diretamente à concepção peirceana de diagrama de pensamento. Aquilo que fora apresentado intuitivamente por Peirce pode ser submetido à análise nas experiências fílmicas do cineasta que não poupou esforços para conceptualizar não apenas os signos cinemáticos como também o trabalho da semiose fílmica como legado de uma lógica (s)cinestésica[1] do pensamento. Com sua obra Eisenstein avança a reflexão e elabora uma hipótese igualmente desafiadora: a cultura audiovisual e particularmente o cinema como agentes transformadores da lógica de pensamento. Com isso eleva o cinema à condição de forma que está no pensamento. E essa é a hipótese de fundo de nosso estudo.

Graças à prática artística do cinema muito apropriadamente chamado conceitual, Eisenstein não apenas criou intervenções do pensamento-signo como também dedicou muito de sua investigação aos alinhamentos de ideias cinemáticas que atravessam diferentes formas artísticas. Em muitos de seus escritos construiu análises estéticas orientando-se pela lógica de um pensamento gráfico que sustentou não apenas seus experimentos de montagem como também toda a dinâmica do pensamento sensorial organizado por relações que, do plano composicional, passam para o plano existencial das percepções do observador de modo a construir as relações dialógicas em termos discursivos. O próprio Eisenstein elabora desenhos de pensamento a que denomina "grafos" para conceptualizar

---

[1] Sinestesia corresponde ao trânsito sensorial de diferentes sensações. Cinestesia – de *kinesis* – designa o movimento, assim como cinemático. O movimento está na base tanto do pensamento quanto do cinema que articula o signo cinemático.

o deslocamento realizado pelo olhar num processo de montagem de planos articulados em obras visuais, como se espera examinar em outro momento de nosso trabalho.

Contudo, não vamos ignorar um paradoxo: aquele que gravita em torno das realizações teórico-experimentais do cineasta quando submetidas ao campo da análise semiótica. Afinal, há que se esclarecer como uma cinematografia comprometida com o movimento dialético enverada pelo movimento triádico ao colocar em ação as práticas de um cinema intelectual diagramaticamente construído. Eis a questão que alimenta ainda mais uma compreensão da natureza semiótico-diagramática da obra de Eisenstein em diálogo com o semiótica de Peirce.

Diagrama e a cinematicidade do pensamento-signo

Como toda potência semiótica, o diagrama atende a diferentes propósitos conceituais, o que justifica a eficácia no uso de diferentes processos e formas de conhecimento. Sua própria constituição não poderia ter uma expressão mais singela. Ao partir de noções tão elementares como o movimento que traça articulações entre pontos e linhas sempre em expansão, o diagrama vincula o pensamento a um gesto cujo desenho explicita a necessidade de transformar em ato de passagem o caminho que vai do desconhecido ao conhecido. Nessa acepção, o diagrama nada exprime que não seja apreendido em movimento ou no deslocamento entre percepção e raciocínio. Segundo achados recentes (FIGURA 2), a própria noção de movimento surgiu ao homem sob forma de diagrama de corpos em combate cujos movimentos se organizam a partir de traços singelos.

Uma das mais antigas representações de combate já achada

FIGURA 2 – Representação do movimento
Fonte: *Folha de S. Paulo*, 8 de junho de 2009, p. A16.

Se a noção de movimento foi sintetizada nas formas esquemáticas do corpo humano em ação de deslocamento no ambiente, o diagrama busca tão-somente manifestar tais gestos em relações. Não se trata, portanto, de expressão de um pensamento já elaborado, em que um signo figura como algo que está no lugar de uma coisa para representá-la, mas do processo que apreende o movimento do pensamento na cadeia do raciocínio que elabora o passo-a-passo das formas que pensam. O diagrama se apresenta, então, como forma apreendida na gestualidade do pensamento e das ideias que o alimentam, tal como se examinou na fotografia de Tarkóvski (FIGURA 1). Lá se observou o movimento de semiose a partir dos diferentes planos de realidade. Ao inferir que tais planos triangulam vértices situados em diferentes planos de experiência, alcançamos o funcionamento do pensamento diagramático. Em ambos os casos, o diagrama surge como método.

Tal é o que se encontra formulado na semiótica lógica de Peirce que parte da tríade da relação entre signo-objeto-interpretante para chegar ao aparato constituído pelos estudos dos grafos existenciais. Baseado em premissas que consideram, sobretudo, o grau de conexão das relações, Peirce chamou de grafos as formas que acompanham o movimento do pensamento na gama de relações como meras possibilidades do pensar (Peirce, 1977, p. 175-8). Com isso, deu a entender que o pensamento se constitui como signo quando se manifesta no deslocamento de um movimento triádico que abrange ação, reação e interação para novos desdobramentos. Tal entendimento foi apreendido em termos de um diagrama (FIGURA 3) que acabou se tornando a matriz conceitual do movimento elementar do pensamento-signo.

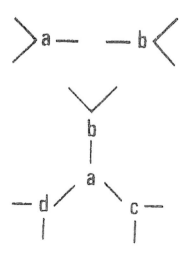

FIGURA 3 – Grafo com três apêndices.
Fonte: Peirce 1980a, p. 96.

A imagem que acompanha o movimento no pensamento é constituída por pontos que se abrem em tramas associadas a redes de modo a estruturar um modelo triádico. Nele o ponto de interligação cumpre o papel de um dinamismo cuja função é ser elo e impulso do deslocamento, como se pode observar no grafo desenhado por Floyd Merrel (FIGURA 4). Aqui a relação do SIGNO (R), OBJETO (O) e INTERPRETANTE (I) explora a dinâmica do interpretante no processo gerativo.

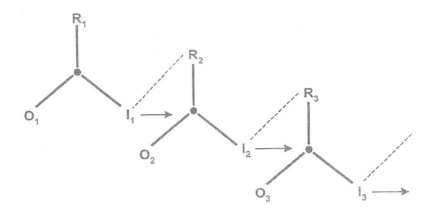

FIGURA 4 – Signos virando outros signos.
Fonte: Merrell 2012, p. 85.

Nele as ações sígnicas exploram comportamentos na trama de suas interações e reações uma vez que os signos agem uns sobre os outros e sobre si próprios, num autêntico movimento de semiose. Assim os signos integram-se em sistemas cujo trabalho desenvolve espaços relacionais de pensamento e de redes associativas onde as conexões se tornam a chave do entendimento de transformação das coisas em signos que Peirce situa num gradiente segundo o grau de conexão, como se pode ler no fragmento.

> Uma progressão regular, um, dois, três, pode ser constatada nas três ordens se signos, ícone, indicador, símbolo. O ícone é desprovido de conexão dinâmica com o objeto que representa; ocorre simplesmente que suas qualidades fazem lembrar as daquele objeto e despertam no espírito, sensações análogas àquilo a que se parecem. Sem embargo, e em verdade, o ícone permanece desligado dos objetos. O indicador está fisicamente relacionado com seu objeto; formam um par orgânico, mas a mente interpretadora nada retira dessa conexão, limitando-se a notá-la depois de ela se haver estabelecido. O símbolo se relaciona a seu objeto por força da ideia do espírito-que-usa-o-símbolo, sem o que uma conexão de tal espécie não poderia existir (Peirce, 1975, p. 129).

Se o modelo triádico se encontra na base do pensamento em seu enredamento, ele pode ser considerado o tipo de grafo que Peirce concebeu como diagrama (Peirce, 1975, p. 117). Trata-se de uma formação cinético-imagética baseada na faculdade de destacar qualidades numa relação de similaridade própria do signo icônico. Ainda que definido como uma variedade de ícone, o diagrama apreende no objeto que representa traços de semelhança que podem ser, eventualmente, de equivalência[2]. Como ressalta Peirce, "um signo pode ser icônico, ou seja, pode representar seu objeto principalmente por similaridade, independentemente do seu modo de ser" (Peirce, 1975, p. 116). E é essa condição que qualifica o pensamento como diagramático e a imagem como grafo. No caso do grafo apresentado na FIGURA 4, o fato de o ponto servir para o deslocamento centrífugo e não para o encontro centrípeto revela uma qualidade diferencial da similaridade construtiva do diagrama em foco.

Porque se trata de similaridade com diferentes graus de analogia em seus traços relacionais, Peirce inseriu o diagrama na categoria dos hipoícones: ou seja, de um ícone cuja semelhança com o objeto é diminuta, uma vez que *hipo* designa baixa valência de um elemento ou de um funcionamento. O diagrama entendido como hipoícone traça relações de similaridades com vigoroso pendor associativo.

> Os hipo-ícones, de acordo com o modo de primariedade de que participem, admitem uma divisão grosseira. Aqueles que participam de simples qualidades ou Primeiras Primariedades, são *imagens*; aqueles que representam as relações – principalmente relações diádicas ou relações assim consideradas – das partes de uma coisa, utilizando-se de relações análogas em suas próprias partes, são os *diagramas*; aqueles que representam o caráter representativo de um *Representamen*, traçando-lhe um paralelismo com algo diverso, são *metáforas* (Peirce, 1975, p. 117).

Sem dúvida, estamos diante de uma forma emblemática do pensamento aberta para diferentes manifestações de sensorialidades e correspondências em prol da criação de nichos relacionais como a que se segue, elaborada por Floyd Merrell para constituir um grafo de movimento triádico (FIGURA 5).

---

2   Distinção importante uma vez que, na similaridade, entra em jogo as relações de afinidades entre seres, coisas, pontos de vista que possuem algo em comum. Trata-se de uma relação de analogia e conformidade. Duas figuras geométricas podem ser semelhantes em sua forma, mais distinguirem-se do tamanho. Já na equivalência as relações são estabelecidas entre grandezas que possuem o mesmo valor. Trata-se de uma relação binária, reflexiva, simétrica.

FIGURA 5 – Um exemplo processual de signo triádico.
Fonte: Merrell 2012, p. 87.

Quando se inclui a sensorialidade no processo de pensamento, as relações de similaridade disputam espaço com possibilidades, reino das inferências e das abduções, ou seja, do imprevisível e do devir. As tríades mostram-se, assim, processos relacionais abertos como John F. Sowa concebeu em seus grafos sobre as relações possíveis. Dependendo do desenho do movimento de raciocínio, surgem modelos distintos de pensamento (FIGURA 6).

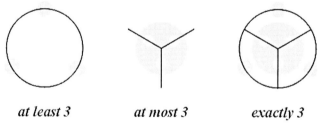

FIGURA 6 – Modelo triádico submetido às variações combinatórias de três pontos
Fonte: John F. Sowa. Disponível em: <http://www.jfsowa.com/peirce/ms514.htm>.

Observe-se que o gráfico se modifica em função das relações emergentes nas diferentes combinações dos pontos. As relações não são, portanto, propriedades dos elementos mas surgem das reações produzidas quando os elementos são submetidos a novas prospecções de semiose. Não se trata, pois, de resultados mas de ações e reações de quem precisamos seguir os passos e os rastros – caminhos de uma outra lógica.

Nesse sentido, o diagrama se orienta pelas relações topológicas fundadas no princípio icônico e suas variáveis. À exploração de tal pressuposto, Peirce dedicou suas investigações sobre os grafos existenciais cujo propósito maior era edificar um sistema lógico relacional baseado no movimento do raciocínio, acolhedor de imprevisibilidade e devir próprios das descobertas.

Imagicidade como síntese do movimento no signo cinemático

Quando se vincula o ícone às formas visuais de signicidade, por imagem se entende um complexo de articulações que tomam o movimento como operação transformadora de um elemento em outro. Não é bem de figura que se trata, mas da imagicidade, quer dizer, do processo transformador em seu devir, apreendido no momento mesmo de sua constituição. Peirce tratou da imagicidade nos estudos sobre o pensamento-filme concebido como diagrama, cujos exemplos apresentados anteriormente constituem fundamentos teóricos básicos. O cineasta S. Eisenstein, por sua vez, examinou e experimentou a imagicidade no filme-pensamento suscetível de ocorrência em diferentes obras visuais cujo centro de gravidade é o movimento perceptual-cognitivo. Vale dizer, o pensamento sensorial. Em ambas investigações, o diagrama toma o lugar como forma privilegiada de pensamento.

Para Peirce, a imagicidade do pensamento segue o princípio dialógico uma vez que "cada evolução do pensamento deve ser dialógica porque se desenvolve em contato com outros signos. É essa a essência do pensamento que se auto-desenvolve e cresce" (Peirce, 4.551, c. 1905 *apud* Pietarinen, 2003, p. 2). Da dialogia entre a diversidade de percepções emerge o movimento plástico sensorial que procura traduzir o pensamento a partir de diferentes pontos de vista. E isso Peirce observa também no funcionamento de seu próprio raciocínio:

> Com muito sofrimento aprendi a pensar com diagramas, que é um método muito superior [a símbolos algébricos]. Estou convencido de que há um muito melhor, capaz de maravilhas; mas o grande custo do aparato impede meu aprendizado. Ele consiste em pensar em imagens estereoscópicas em movimento" (Peirce, MS L 231; NEM 3: 191; *apud* Pietarinen, 2003, p. 7).

Peirce observa em sua análise a superioridade do diagrama como forma de pensamento, sobretudo, pelo processo relacional que inaugura ao colocar em foco aquilo que ele define como "imagem estereoscópica" – aquela cujas informações do espaço tridimensional decorrem da conjugação de tomadas por meio de diferentes ângulos ou diferentes processos relacionais. A estereoscopia baseia-se, assim, num processo dialógico cuja dinâmica coloca em relação a variedade de focos, multiplicando relações de possibilidades num ato de pensar e mostrando-se capaz de estabelecer e de buscar associações no movimento mesmo de suas formulações. A imagem estereoscópica assim concebida projeta a imagicidade dos diagramas de pensamento.

Se a estereoscopia diz respeito às formas sensoriais de se obter informação sobre o espaço tridimensional, sobretudo pela análise de diferentes pontos de vista, a visão estereoscópica resulta não apenas de tomadas em diferentes ângulos, mas de diferentes organização dos sentidos. Chegamos, assim, a uma expansão da semiose que pode ser traduzida pelo signo cinemático em sua capacidade de operar dialogicamente a passagem da imagem para a imagicidade de suas focalizações. Imagicidade torna-se, portanto, uma concepção do pensamento-signo que foi concebida graças às expansões que as imagens passam a comportar quando a visualidade é apreendida dialogicamente em movimento.

Sob a perspectiva da imagicidade Peirce delineia a distinção entre a indicialidade da imagem fotográfica e a iconicidade da imagem do cinema. Segundo seu entendimento,

> Fotografias, especialmente fotografias instantâneas, são muito instrutivas porque sabemos que, sob certos aspectos, são exatamente como os objetos que representam. Esta semelhança é devida ao fato de as fotografias serem produzidas em circunstâncias tais que se viram fisicamente compelidas a corresponder, ponto a ponto, à natureza. Sob esse aspecto, pertencem, pois, à segunda classe de signos os que o são por conexão física (Peirce, 1975, p. 118).

Indicialidade da fotografia cede lugar à imagicidade quando se trata de compreender a representação do movimento visual na película cinematográfica bem como suas possibilidades estereoscópicas. Concepções como essas sugeriram a Peirce um modelo dinâmico de relação que lhe pareceu exemplar para tratar da dinâmica relacional do pensamento para além da topografia das sentenças ou da própria imagem fotográfica. Por isso, coube ao *stereoscopic moving-pictures* praticado pelo cinema a capacidade de construir a imagicidade.

Segundo Ahti-Veikko Pietarinen a presença do movimento visual cinemático nas formulações peirceanas sobre a lógica diagramática do pensamento não é retórica nem metafórica mas histórica. Para ele, o fato de Peirce ter assistido às primeiras exibições de filmes entre os anos de 1895-1896, e também de ter acompanhado com entusiasmo o crescente interesse cultural pelas tecnologias de projeções desde as familiares exibições de lanterna mágica (W 04:48 cf. Pietarinen, 2003), fez com que ele orientasse seu pensamento para as possibilidades da nova invenção.

Imagens em movimento apresentam a Peirce um modo visual de pensamento que vem de encontro a muitos de seus pressupostos acerca do diagrama. Como entende Pietarinen, se não podemos "atribuir o mérito da origem dos diagramas a algum desses fantásticos kinemato-phanto-muto-vitascopic", pelo menos não se pode negar a força com que o epíteto *"moving-pictures"* irrompe em seus escritos, a ponto de afirmar que os *"Existential Graphs* furnish a moving picture of the intellect" (MS 298: 10). Segundo suas investigações "A primeira aparição do epíteto "imagens-em-movimento" (com hífens) em seu texto data de 1905, mas em 1893 ele já falara da "influência viva de um diagrama ou ícone sobre nós" (7.393) (Pietarinen).

Do ponto de vista do pensamento diagramático, é o movimento que organiza o complexo de relações da imagem, particularmente em termos de seus constituintes elementares: planos e sequências. Logo, para avançar na compreensão do movimento, nada melhor do que acompanhar a experiência artística que problematizou sua experimentação em diversos campos de manifestação que vai da percepção visual-cognitiva até mesmo às configurações técnicas que atravessam diferentes artes. Essa experiência se iniciou no cinema.

Sabemos que, no filme, plano é, antes de mais nada, espaço semiótico de composição de tomadas em níveis sensoriais distintos, ainda que a expressão audiovisual seja a dominante. Para o semioticista Iuri Lótman trata-se de um espaço de continuidades em que foi introduzido a descontinuidade por obra dos planos e das tomadas com a variedade dos ângulos de visão (Lotman, 1977). Nesse sentido, o fluxo do pensamento em deslocamento se abre para os movimentos que se encarregam da descontinuidade para, assim alcançar a estereoscopia do espaço. Trata-se, pois, de um pensamento diagramático em fluxo e, portanto, inacabado, tal como os fluxos dos fotogramas que encadeados compõem o movimento.

Já nos referimos anteriormente à singularidade do caráter icônico do diagrama, sua condição de hipoícone. Analisemos agora a imagicidade produzida em fluxo pensamento cinemático estereoscópico tal como foi praticado no cinema intelectual de Sergei Eisenstein.

Do pensamento-filme ao filme-pensamento

Se, para Peirce, o intercâmbio sensorial tornava a estereoscopia uma espécie de síntese dedutiva do processo lógico do pensar, para Eisenstein as formações estruturais diagramáticas de tais sínteses dedutivas abriam as portas para o universo sensorial da mente. Na base de sua experiência reside uma questão desafiadora: Como o cinema, ao diversificar a tomada e multiplicar o plano, constrói uma compreensão intuitiva dos problemas de composição? (Eisenstein, 1983).

Tal pergunta orienta sua investigação sobre a imagicidade do pensamento sensorial que a linha evolutiva da montagem transformou em cinema intelectual. O centro da reflexão é ocupado pelo problema da forma construída pelo discurso interior cujo fluxo de ideias sem aparente articulação lógica é projetado sob forma de estruturas sensoriais e emocionais. O cinema intelectual se orienta, assim, por organizações discursivas que podem ser entendidas como exemplares em termos de *moving-pictures of thought*, particularmente no que diz respeito aos procedimentos construtivos da composição.

No cinema de Eisenstein, os procedimentos de intensificação de ângulos em tomadas constituem experimentos sofisticados da imagicidade estereoscópica que pode ser observada tanto na sequência fílmica quanto na transposição para o pensamento diagramático. Converteram-se em princípios construtivos nos clássicos *Outubro* (*Oktiabr*, URSS, 1927) e *Ivan, o terrível* (*Ivan Groznii* I, URSS, 1944; *Ivan Groznii* II, URSS, 1945). Ao dilatar e multiplicar ações no tempo e no espaço de modo a promover o deslocamento de percepções e sensações para o espaço cognitivo da mente, a tomada cumpre os desígnios de um pensamento que, como formulara Peirce, "se auto-desenvolve e cresce"; ou como concebera Lótman, "*logos* que cresce por si mesmo" estereoscopicamente. Graças a tal procedimento de intensificação de gestos o cinema se desenvolve segundo diagramas de seu tema fundamental: a exploração sensorial do pensamento.

Tal é a linha diagramática claramente formulado no filme *Ivan, o terrível*. Como todo filme dedicado a recuperar o embate de personalidades históricas com os dramas e dilemas de seu tempo, *Ivan, o terrível* se organiza em torno dos feitos excêntricos do czar Ivan. Logo, não é preciso muito esforço de imaginação para descobrir que a espinha dorsal do filme é tecida pelo conflito que reverbera na trama sob forma de diferentes formas de conspiração.

Logo no início da primeira parte, na cena da coroamento do príncipe Ivan, a conspiração reverbera e organiza um discurso velado que, mesmo sem ser enunciado, toma conta dos gestos e feições daqueles que presenciavam a coroação mas cobiçavam o trono (FIGURA 7). Nela o pensamento sensorial é traduzido pela dilatação da impressão da duração do episódio: na continuidade do ato de derramar as moedas de ouro sobre a cabeça do czar, observa-se que, a cada corte, o recipiente continua cheio.

Figura 7 – Coroação de Ivan, *Ivan o terrível*, S. Eisenstein, URSS, 1958.

O gesto, porém, não atualiza apenas uma ideia no nível do pensamento sensorial, mas a memória cultural, visto que o procedimento traduz a própria face do poder no cerne de seu mais recôndito anseio: a perpetuidade. Assim dimensionado, o procedimento justifica a ação do pensamento na mente da cultura e a tomada que o atualiza constrói um diagrama de relações transversais no espaço-tempo.

O procedimento de dilatação não se limita a tomadas isoladas como pode parecer à primeira vista. Na verdade, como diagrama de pensamento, organiza o eixo temático que mostra as ações conspiratórias que gravitam em torno do poder no próprio castelo de Ivan, que se manifesta estereoscopicamente como um espaço palpitante de intrigas. Cria-se um campo de forças em que a imagicidade resulta de movimentos de pensamento que ganham explorações sensoriais no traçado que inclui tanto os gestos dos personagens quanto motivações cênicas e musicais. No castelo de Ivan, a gestualidade corpórea compõe com os arcos da arquitetura interna uma ambiência enviesada, tal como os olhares que os personagens dirigem uns aos outros no desenrolar da trama. Observa-se que o movimento compõe linhas de choque entre os olhares que se cruzam e formam os campos de força. Assombros, perplexidades, interrogações, desconfianças, dissimulações, sagacidade são as linhas que traçam o diagrama de um ambiente de luta, de tramas e maquinações do jogo armado de modo a alimentar e levar às últimas consequências a disputa de poder (figuras 8, 9, 10, 11).

Figuras 8, 9, 10, 11 – Cenas de Ivan, o Terrível: a noção de conspiração é construída na trama dos olhares que imprimem na cena a intensidade de suas ideias.

Ainda que se reportem a momentos dwiferentes da narrativa, como se pode verificar pela marcação temporal, os olhares constroem vieses distintos de ações em pensamento: olho dilatado em contraste com o olhar para cima (figura 8); flagrante de dois pares de olhos assombrados (figura 9); triangulação de olhares em que três personagens dirigem a mirada em direções distintas (figura 10); desconfiança e dissimulação de Ivan em suposto leito de morte (figura11). O contraponto de olhares constroem diagramas cuja dialogia segue a lógica de associações baseadas, sobretudo, na analogia, o que nos permite inferir que, no trabalho dialógico dos signos situam-se as evoluções de processos interativos e gerativos de auto-desenvolvimento em que a lógica, a dialógica e a analógica das relações constroem uma dinâmica expansiva.

Os exemplos citados são apenas indicadores da propriedade da noção que toma os planos e tomadas como diagrama de pensamento em ação na mente de modo a explorar a imagicidade sensorial dos processos envolvidos. Do ponto de vista semiótico, o diagrama resultante do jogo de ângulos e tomadas no interior do plano assume as principais diretrizes do signo icônico entendido como experiência sensível do intelecto na representação e não apenas como similaridade, tão cara ao conceito de ícone. No signo icônico podemos falar em modelo resultante da operação cognitiva em que a atividade do raciocínio é construída sob forma de diagrama de relações e assim sustentar o pensamento icônico como padrão estrutural de organização gráfica, seja na encenação, na composição, na musicalidade. Assim, a imagem sensorial criada como signo icônico se apresenta, não como totalidade, mas como traçado de uma composição sensível. No cinema e no campo conceitual de Eisenstein, tais procedimentos constituem a lei de construção da forma artística. Nela o pensamento icônico se constrói com a participação de um discurso interior exteriorizados em diagramas e timbres não dominados pelo sentido visual projetado para fora, mas pelo sensório voltado para dentro, para a paisagem interior da mente.

Podemos observar o alcance de tais formulações em mais um episódio do filme *Ivan, o terrível*: a cena em que o personagem do czar Ivan (FIGURAS 12 e 13) reflete sobre seus projetos de conquista unificação das províncias russas de modo a edificar um império tão poderoso quanto a Roma antiga. Aqui a estereoscopia constrói a projeção da própria imaginação sensorial de Ivan.

FIGURAS 12 e 13 – *Ivan o terrível*, Sergei Eisenstein 1944; 1958. [1:02'-1:18']

A sequência com uma farta projeção de sombras desproporcionais com relação ao ângulo da tomada não apenas constrói um diagrama das ambições de Ivan, como reproduz seus medos. Por um lado, as imagens exteriorizam o desejo de dominação imperial sobre o mundo; por outro, as imagens grandiosas nas paredes evidenciam suas suposições a respeito de planos conspiratórios que correm pelo interior do castelo. Todas essas ideias circulam no jogo das desproporções estereoscópicas amplificadas no interior dos planos e da sequência fílmica.

O movimento dramático-diagramático das linhas

No contexto do pensamento diagramático não é a imagem que evoca uma condição sensorial mas sim a exploração da imagicidade dos traços em fluxo composicional. Eisenstein elevou esse princípio construtivo à categoria de conceito fundamental de tudo que ele construiu e teorizou em termos de movimento cinemático. Trata-se de um princípio dialógico de compreensão do movimento na composição estética, e não apenas no cinema. Na verdade, o cinema seria o ponto de partida para a análise da montagem de planos, tomadas e composição da luz em obras visuais como a que ele empreende na leitura do retrato da atriz russa Maria Ermolova por Valentin Serov (Eisenstein, 1994, p. 82-105). Nele encontra traços incomuns da pintura reveladores de um diálogo intenso com a fotografia e o cinema, o que lhe sugere uma montagem dinâmica de uma escritura luminosa que tem no corte um elemento de montagem fundamental.

Tanto na teoria semiótica quanto no cinema, o movimento da linha é um dos mais potentes signos de construção no pensamento diagramático. O movimento da linha é analisado nas tomadas de planos, na expansão de sequências, na estruturação rítmica, na conjugação de frequências, na gradação da cor. No retrato de Ermolova Eisenstein descobre como a linha passa de elemento dramático da composição a diagrama de pensamento sensorial, situando no mesmo espaço o *pathos* da composição e a gestualidade do olhar incidente com o qual dialoga.

Como observa R. Robertson, tudo pode ser pensado em termos de exploração dramática e diagramática da linha. No cinema, o movimento da linha é gráfico, tonal, com uma variedade de contornos e gestos multidimesionais (Robertson, 2009, p. 177) em que a o processo audiovisual é sintetizado no alinhamento da verticalidade e em que "…o colorido sonoro se torna *linha* de desenvolvimento da emoção e do sentido" (Robertson, 2009, p. 169). Na pintura, a linha organiza a conjugação das tomadas, a tonalidade da luz e da cor, bem como a gestualidade do olhar. É como cinema e como pintura que Eisenstein explora o potencial dramático-diagramático da linha no quadro.

Figura 14 – Retrato da atriz Maria Ermolova, 1905, Valentin Serov, Galeria Tretiakov, Moscou

A motivação para a análise é dada pela composição do cinema retratado dentro do quadro. Inicialmente, Eisenstein examina o quadro dentro do quadro, isto é, o retrato da atriz e o retrato da sala emoldurado pelo espelho. Dois enquadramentos distintos, acentuados por valores tonais de ondas luminosas que estão muito longe de serem fruto apenas de uso combinatório de pigmentos numa paleta, mas muito próximo do enquadramento dado pelo uso de fontes de luz na fotografia. Por um lado, na superfície do espelho na qual raios luminosos incidem; por outro, na incidência dos raios, conjuntos luminosos disseminando diferentes motivos temáticos, desdobrados em outros enquadramentos. Não é por acaso, afirma Eisenstein, que o espelho corta a figura de Ermolova em planos distintos (Eisenstein, 1994, p. 84-5).

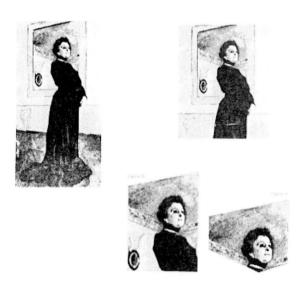

Figura 15 – Decomposição dos planos: (1) plano cortado ao joelho: coordenadas em paralelo entre corpo, parede e espelho (tomada de frente); (2) plano de profundidade de campo graças à composição espacial (tomada em contra-*plongée*); (3) plano fechado (*gros plan; close-up*): rosto em relação ao teto com tomada em contra-*plongée*.

A figura foi tomada num encadeamento de quatro diferentes pontos de vista que combinados produzem a sensação de movimento que o olho cumpre ao se deslocar pelos quatro planos do enquadramento. Insinua-se nesse deslocamento a sensação de movimento da figura. Quando o olho percorre cada uma das fases do movimento, involuntariamente realiza o salto de uma fase para outra e percebe tal sequência de impulsos como movimento ininterrupto. No alto da figura, um *close-up* do rosto da atriz, a luminosidade explode num brilho que evoca, para Eisenstein, toda a espiritualidade da atuação de Ermolova como atriz. O movimento atinge o *pathos* da composição.

Configura-se assim um movimento dialógico cuja arena se orienta pelos planos de luz que o quadro dentro do quadro oferece ao olhar. Eisenstein traduz o movimento num gráfico pontuando a dinâmica do deslocamento do olhar que incide sobre o quadro a partir de diferentes pontos (A-B-C-D).

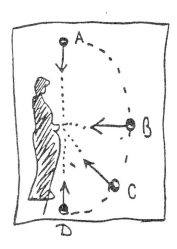

Figura 16 – Deslocamento do olhar num arco de 180° e decomposição do movimento do diagrama composicional da figura. (Eisenstein 1994, p. 88).

Contudo, considerando que o movimento é também produzido por um olhar simultâneo à deriva, que não obedece a um deslocamento contínuo ponto-a-ponto, a trajetória em zigzag lhe sugere a formação de dois campos de forças a desenhar uma "barricada de pontos imaginários em luta" (Eisenstein 1994, p. 92). Dois níveis se mostram em confronto: o nível da linha imaginária (CD) e o nível da composição apreendido pelo movimento do olhar (AB) e nesse confronto, Eisenstein nos oferece o diagrama de um pensamento no seu movimento, tal como se pode acompanhar na sua análise.

> A linha CD não é desenhada enquanto tal, nem mesmo sugerida, mas é uma linha composta por uma série de pontos imaginários que o olho segue conforme se move. Além disso, o plano dessa linha imaginária não coincide com o plano da imagem, mas é perpendicular a ela (imagem). No entanto, ao mesmo tempo, a linha também deriva de uma percepção mais profunda da representação do que o mero registro visual de sua aparência exterior. Esta percepção mais profunda está indissoluvelmente ligada com mais profunda interpretação da imagem: seu significado é composta de uma apreensão detalhada do assunto mais a nossa atitude individual em relação a ele. (Eisenstein, 1994, p. 92).

O movimento que vai do interior para o exterior e nele desenha uma trajetória de pontos de vista distintos, mereceram do cineasta uma composição diagramática que mais parece um cálculo de probabilidades.

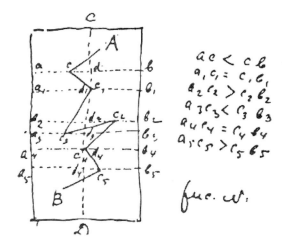

Figura 17 – Multiplicidade de planos e de linhas de construção e de apreensão do movimento do olhar incidente sobre o quadro. (Eisenstein 1994, p. 92).

Num outro encaminhamento da análise, apreende-se a movimentação interna da composição a saber: o efeito de *zoom*, de *close-up* crescente, o adensamento do espaço e da luz; as alternâncias de ponto de vista em relação ao tema. O quadro extravasa os limites da pintura para se tornar, se não um filme, pelo menos um quadro de montagem cinematográfica, a exemplo daquele que, em 1933, o levara a formular o conceito de *mise-en-cadre* (Eisenstein, 1994, p. 96). Inspirada na expressão *mise-en-scene*, a montagem orientada pelo *mise-en-cadre* baseia-se na multiplicação dos ângulos de tomada o que na tela de Serov se realiza na decomposição dos planos de luz que procuram reconfigurar em cada ângulo os pontos da estereoscopia do espaço. Ampliado pelos movimentos de *zoom*, opera o fechamento no *close-up* no rosto resplandescente da figura. Contudo, o movimento estereoscópico não se limita ao quadro mas se completa no olhar que aprende a arena das linhas entrecruzadas.

Nesse sentido, o procedimento de *mise-en-cadre* confirma a postura de Eisenstein de "resistência ao plano" (Xavier, 1994, p. 366) como potencial espaço de movimentação em que o corpo e, no caso, o rosto, são delineados graficamente de modo a compor o diagrama da linguagem cinematográfica. Com isso,

...a encenação é a estratégia de composição rigorosa dos fragmentos e o ator está lá para compor, graficamente, a máscara capaz de interagir com os outros elementos; deve construir um tipo que é ideia geral, resulta de uma conceituação. (Xavier, 1994, p. 366).

O retrato de Ermolova permite a distinção de dois processos de conhecimento que Eisenstein deriva da dialética. Ao processo de decomposição dos planos de luz denomina análise; à reunião dos resultados da análise denomina síntese. Porque se trata de uma operação de raciocínio e, por conseguinte, de sínteses dedutivas de um interpretante lógico, como diria Peirce, a síntese permite a tradução do signo cinemático numa operação metalinguística que Eisenstein nos apresenta sob a forma do grafo que se segue.

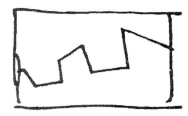

Figura 18 – Grafo do movimento de síntese, quando a multi-direcionalidade do olhar constrói barricadas no ar. (Eisenstein, 1994, p. 97-8).

Aqui o conceito de imagicidade transborda a potência que lhe foi imputada pelo cinematismo: a qualidade de apreender o movimento em ato composicional, perceptual e cognitivo. Trata-se de um momento de síntese resultante de uma percepção de choque.

O grafo aqui desenhado configura uma operação lógica de caráter associativo: num primeiro nível, mostra a desorganização de um movimento organicamente organizado. Dizendo de outro modo: mostra como o movimento se desorganiza no olhar que se desloca a partir dos procedimentos construtivos da composição. Num outro nível, procura alcançar o encadeamento dialético, de passagem de uma dimensão a outra. Ainda que se desdobre segundo o raciocínio diagramático de relações associativas, a composição sensorial da imagicidade opera sínteses da dialética no entendimento. Se é certo que a síntese assim desenhada se aproxima da topologia diagramática do pensamento, não é menos correto afirmar que sem o movimento nenhuma operação seria possível, menos ainda o ato de pensar.

Se a linha diagramática de nosso raciocínio foi claramente explicitada, chegamos assim ao diagrama como ato de pensamento pelo qual o sentido se manifesta em movimentos da semiose de signos envolvidos, ponto de onde partimos teoricamente. Resta-nos, contudo, refletir sobre o embate entre pensamento diagramático e pensamento dialético na base distintiva do movimento triádico que caminha para a síntese e aquele que abre para a semiose de suas possibilidades.

Considerações finais

Peirce e Eisenstein apreenderam no grafo a síntese de processos intelectuais capazes de apreender a transformação do raciocínio em signos. Temos como ponto de partida uma noção fundamental: tanto o filósofo americano quanto o cineasta letão acreditavam que a lógica do pensamento não resulta de um sistema sígnico verbalmente constituído por sentenças, mas sim de sistemas semióticos engajados no desenvolvimento de signos cinemáticos – signos em movimentos visuais. As ideias acerca do pensamento sensorial – sinestésico e cinético – foram distintamente exploradas tanto na teoria semiótica dos grafos existenciais quanto no cinema intelectual de modo a explorar a variedade de configuração do pensamento-signo. Contudo, não existe nenhuma evidência quanto ao modelo de cinema do pensamento diagramático nem quanto ao modelo de grafo construído pelo cinema intelectual. Perguntamos, então: Até que ponto os termos empregados tanto por Peirce quanto por Eisenstein podem ser conjugados para promover o desenvolvimento teórico-analítico da lógica associativo-sensorial? Em que medida a lógica do processo triádico é suficiente para fundamentar uma topologia do movimento no cinema de modo a suplantar a síntese do movimento dialético?

As perguntas aqui colocadas não encaminharam respostas direcionadas para atender a demandas teóricas específicas. Voltaram-se, antes, para a investigação das bases semióticas do pensamento e do conhecimento do mundo gerados pela linguagem do movimento cinemático (em que pese a redundância da formulação). Para isso, contamos com duas premissas. De um lado, aquela que vincula o conhecimento ao trabalho dos sistemas de signos gerados culturalmente; de outro, aquela que vincula a semioticidade ao processo de renovação imprevisível da experiência. Afirma-se, pois, que o pensamento lógico não é exclusivo de um sistema semiótico como os signos verbais, mas sim fruto da modelização semiótica dialógica, em outras palavras, das formas que pensam.

Em estudo sobre a dramaturgia do filme, Eisenstein não apenas revela sua preocupação para com os fundamentos dialéticos marxistas de suas formulações em sua tradução operativa no trabalho de montagem, entendida então como uma derivada de "um movimento dedutivo que sabe extrair um saber das constatações mais elementares" (Xavier 1994, p. 364). Sem dúvida, a noção de conflito que atravessa sua obra e se multiplica em diferentes procedimentos composicionais torna-se uma chave funcional do raciocínio dedutivo da montagem. É na montagem que não apenas a relação imediata perde sua força como o terceiro elemento da síntese dialética projeta a nova qualidade seja do pensamento, da emoção ou simplesmente do conceito. A força dedutiva da montagem deriva de sua condição diagramática, fruto de uma operação de raciocínio, como se pode inferir da análise de Xavier que se segue.

> Um fato social de grande envergadura não se representa na continuidade de seu desenrolar apoiado num fluxo único de ação; sua essência ganha expressão gráfica na justaposição de episódios simultâneos, flashes de experiências particulares diversas, porém conectadas, que a montagem ordena e sintetiza, construindo uma opinião sobre o fato. (Xavier, 1994, p. 365).

Dito de outro modo: o próprio raciocínio torna-se elemento de montagem. Com isso chegamos à nossa hipótese fundamental: o pensamento diagramático explorado pelo cinema de Eisenstein como realização de um sistema lógico muito próximo da topologia que rege o pensamento diagramático fundado nas relações triádicas do processo semiótico.

Do ponto de vista semiótico de onde encaminhamos nossa investigação o pensamento diagramático que se expande em grafos não serve de termos comparativos com a síntese dialética. Nesse ponto, há que se distinguir a relação triádica da relação dialética: enquanto a tríade caminha para a expansão no interpretante, a síntese opera a interação dos pares opositivos. O que se observa nos trabalhos de Eisenstein é uma conjugação desafiadora uma vez que seus grafos tanto resultam de um trabalho de síntese quanto formulam pensamentos diagramáticos baseados na relação triádica, particularmente na escalada que incorpora a trama da composição a partir do movimento que se expande numa linha.

O cinema intelectual se revela, por conseguinte, radicalmente diagramático, elevando o movimento-signo para regiões sensórias inexploradas teoricamente, o que implica a constituição de novas demandas conceituais.

Referências

BAKHTIN, M.M. *Arte e responsabilidade. Estética da criação verbal.* Trad. Paulo Bezerra. São Paulo: Martins Fontes, 2003, p. 3-4.

_____. *Art and Answerability.* Ed. Michael Holquist. Trad. V. Liapunov. Austin: University of Texas Press, 1990, p. XIX-XLIX.

EISENSTEIN, S. M. "Novos problemas da forma cinematográfica". In: Ismail Xavier (org). *A experiência do cinema*. Rio de Janeiro: Graal/Embrafilme, 1983, p. 216-243.

_____. *Sincronização dos sentidos. O sentido do filme* (Trad. Teresa Ottoni). Rio de Janeiro: Zahar, 2002d.

_____. *Yermolova. Selected Works. Towards a Theory of Montage* (Trad. M. Glenny). Ed. M. Glenny; R. Taylor. vol. 2. London: British Film Institute, 1994.

IVANOV, V. V. *Dos diários de Serguei Eisenstein e outros ensaios* (Trad. A. B. Fornoni e N. Silva). São Paulo: Edusp, 2009.

LOTMAN, I. M. *A estrutura do texto artístico* (Tradução de M.C.V. Raposo e A. Raposo). Lisboa: Horizontes, 1978.

_____. *Le probleme du plan. Semiotique et esthetique du cinema*. Paris: Editions Sociales, 1977, p. 43-64.

LOTMAN, Jurij M. *La semiosfera: L'asimmetria e il dialogo nelle strutture pensanti*. Venezia: Marsilio, 1985, p. 49-52.

_____. *Um modelo dinâmico do sistema semiótico. La semiosfera II. Semiótica de la cultura, del texto, de la conducta y del espacio* (trad. D. Navarro). Madrid: Cátedra, 1998.

MERRELL, Floyd. *Uma reunião de três. A semiótica de Charles S. Peirce hoje*. Ijuí: Ijuí, 2012.

PEIRCE, Charles S. Peirce. *A construção arquitetônica do Pragmatismo. Semiótica*. São Paulo: Perspectiva, 1977, p. 193-195.

_____. *Existential Graphs (MS 514) with commentary by John F. Sowa*, 2000. Diponível em: <http://www.jfsowa.com/peirce/ms514.htm>. Acesso: 6 jun. 2014.

_____. *Interpretantes lógicos. Escritos coligidos*. São Paulo: Abril Cultural (Os pensadores), 1980a.

_____. *O ícone, o indicador e símbolo. Semiótica e filosofia*. São Paulo: Cultrix, 1975, p. 115-134.

_____. "Questões referentes a certas faculdades reivindicadas pelo homem". In: PEIRCE, C. S. *Semiótica* (Trad. J. T. Coelho). São Paulo: Perspectiva, 1977.

_____. *Reasoning and the logic of things. The Cambridge Conferences Lectures of 1898* (Ed. K.L. Kremer e H.Putnam). Cambridge: Harvard University Press, 1982.

PEIRCE, C.S. *Signo-pensamento. Escritos publicados*. São Paulo: Abril Cultural, 1980b, p. 73-83.

PIETARINEN, Ahti-Veikko. *Peirce's magic lantern of logic: Moving pictures of thought, American Philosophical Association*, 2003. Disponível em: <http://www.helsinki.fi/science/commens/papers/ magiclantern.pdf>. Acesso em: Acesso em: 6 jun. 2014.

ROBERTSON, Robert. *Eisenstein on the Audiovisual. The montage of music, image and sound in cinema*. Londres e Nova Iorque: Tauris, 2009.

SOWA, John F. *Semiotica 186:1-4, Special issue on diagrammatic reasoning and Peircean logic representations*, 2011, p. 345-394. Disponível em: <http://www.jfsowa.com/pubs/egtut.pdf>. Acesso em: 23 maio 2014.

STJERNFELT, Frederik. "Diagrams as Centerpiece of a Peircean Epistemology". *Transactions of the Charles S. Peirce Society*, v. XXXVI, n. 3, 2000.

XAVIER, I. "A construção do pensamento por imagens". In: NOVAES, A (org.). *Artepensamento*. São Paulo: Companhia das Letras, 1994, p. 239-374.

Perfil dos Pesquisadores

Breno Morita

Artista e educador, desenvolve trabalhos gráficos e audiovisuais orientados pela produção de sentido na confluência entre lógicas da mente e do corpo. Sua pesquisa, com enfoque na construção de sentido pela arte, se debruça nos textos – teóricos e artísticos – de Sergei Eisenstein. Com bacharelado e licenciatura pelo Centro Universitário Belas Artes de São Paulo, atualmente integra o grupo de pesquisa Semiótica da Comunicação e é mestrando em Meios e Processos Audiovisuais, ambos pela Escola de Comunicação e Artes da Universidade de São Paulo

Carina Gonzalez y Sousa

Arquiteta e artista, possui especialização em Linguagens da Arte pelo Centro Universitário Maria Antonia- USP. Como artista desenvolve trabalhos em poesia, desenho, pintura, música, dança e escultura. Atualmente é Doutoranda no programa de Ciências da Comunicação da Universidade de São Paulo, Mestre pela mesma instituição onde pesquisou a gênese da Arte, como participe da mente do cosmo de acordo com o idealismo objetivo e a cosmologia de Charles Sanders Peirce, na dissertação Ágape: Arte como a vida.

Daniela Osvald Ramos

Professora no curso de Jornalismo da ECA/USP e pesquisadora. Colabora como docente no curso de pós-graduação em Comunicação Digital, Digicorp, na mesma instituição. Graduada em Jornalismo pela Universidade Federal do Rio Grande do Sul (1997), mestre em Comunicação e Cultura pela Universidade de São Paulo (2002) e Doutora na mesma instituição, na linha de pesquisa de Interfaces Sociais da Comunicação (2011).

Douglas Galan

Professor para cursos de nível superior atualmente vinculado à Fatec Tiradentes de São Paulo. Mestre em Comunicação Social (ECA-USP). Graduado em Jornalismo (Unesp). Pesquisador científico nas áreas de jornalismo impresso e mídias digitais (Fapesp: "Para além dos links", 2013; Fapesp: "Jornalismo e formação de opinião", 2005). Na recente dissertação defendida, dedicou-se a investigar alterações de sentidos no jornalismo a partir da interferência da Internet. Tem como principais áreas de interesse acadêmico: semiótica da cultura e da comunicação, linguagens impressas e digitais, meios, novas tecnologias, artes visuais, design, entre outros.

Irene Machado

Professora Livre Docente em Ciências da Comunicação pela USP onde atua como professora dos cursos de graduação na Escola de Comunicações e Artes e na pós--graduação (PPG em Meios e Processos Audiovisuais e PPG Estética e História da Arte). É Pesquisadora do CNPq (Produtividade em Pesquisa, PQ-1D). Lidera o Grupo de Pesquisa Semiótica da Comunicação, orienta projetos de mestrado e de doutorado. É autora, dentre outros, de Escola de Semiótica: A experiência de Tartu-Moscou para os estudos semióticos da cultura. Coordenou os trabalhos de fundação da ABES (Associação Brasileira de Estudos Semióticos, 2001-2003) e da revista Galáxia (PUC-SP, 2001-2005). Coordenou o NP Semiótica da Comunicação (Intercom, 2000-2006) e o GT Comunicação e Cultura (Compós, 2013).

João Yamamoto

Arquiteto e Urbanista formado pela FAU-USP (2008) e Mestre pela mesma instituição na área de Design e Arquitetura com a dissertação "Entre Eisenman, Berlim e o Memorial" (2014). Em 2013 participou com Vito Macchione Ferreira da X Bienal de Arquitetura de São Paulo com a instalação "Cartografia Sonora". Dividindo a sua atuação profissional em frentes simultâneas, projetou arquiteturas, objetos, cenografias, livros e websites.

Leandro Anderson de Loiola Nunes

Bacharel em Linguística/Letras pela Universidade de São Paulo (USP). Mestre em Filologia e Língua Portuguesa também pela Universidade de São Paulo (USP).

Foi professor dos cursos de pós-graduação em: Comunicação e Consultoria de Moda; Consultoria de Imagem e Estilo; e Comunicação Organizacional e Negócios, do Centro Universitário Belas Artes de São Paulo. Foi professor, na mesma instituição, dos cursos de graduação em Comunicação Social (Publicidade e Propaganda e Rádio/TV). Foi professor no curso de MBA em Branding, das Faculdades Integradas Rio Branco. Atualmente, é doutorando em Meios e Processos Audiovisuais, pela Escola de Comunicação e Artes - ECA, USP. Sua pesquisa é voltada para os estudos da manipulação da Imagem Humana pelo Visagismo, tornando-a Texto modelizado e Produto de cultura, por meio de diagramas semióticos. É membro integrante do Grupo de Pesquisa em Semiótica da Comunicação – ECA USP. É palestrante e realiza trabalhos de facilitador de treinamentos em Comunicação e Desenvolvimento de Linguagem. Tem formação em Life & Executive Coaching pela Sociedade Latino Americana de Coaching (SLAC – São Paulo) e fomação Internacional em Professional, Self & Life Coaching pelo Sistema ISOR (Instituto Holos).

Marcia Aparecida Ortegosa

Doutora em Ciências da Comunicação pela Universidade de São Paulo – ECA/USP (2013) com a tese Poética da Audiovisualidade: a rítmica na construção das imagens sonoro-visuais. Mestre em Ciências da Comunicação também pela ECA/USP (2002). Graduada em Comunicação Social pela Pontifícia Universidade Católica de São Paulo – PUC/SP com ênfase em Jornalismo. É autora de Cinema noir. Espelho e Fotografia. Atua como professora de Linguagem Cinematográfica e Vídeo Design no Centro Universitário Belas Artes de São Paulo, no curso de Design Gráfico. Orienta projetos na Pós-Graduação Lato Sensu e concentra sua experiência na área de Estética do Audiovisual pesquisando principalmente os seguintes temas: audiovisualidade, cinema, montagem, ritmo e design.

Patrícia Campinas

Possui graduação em Desenho Industrial, especialização em Fundamentos da Cultura e da Arte e é mestranda pela ECA-USP no programa de pós-graduação em Meios e Processos Audiovisuais. Trabalhou como assistente de arte, designer editorial, e atualmente trabalha como ilustradora para animação com concept art e character design.

Esta obra foi impressa em São Paulo no inverno de 2016. No texto foi utilizada a fonte Adobe Jenson Pro em corpo 10 e entrelinha de 15 pontos.